世界で活躍する力を育てる

筑波発の
総合活動

ステムプラス

STEM+

授業のすべて

筑波大学附属小学校

編

東洋館出版社

あなたはプラスチックを食べている!?

子どもの問いや思いから出発する学び

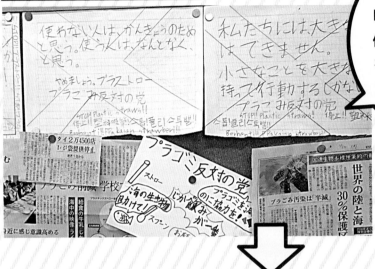

「プラごみ反対の党」の係活動の発信が、クラスを巻き込む追究へ。

調べる

実践する(マイボトル/ストロー減作戦)

情報発信ツールの活用

課題に取り組む過程で活用される STEM

Mathematics　Engineering Art　　Technology

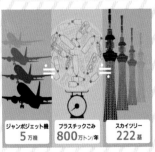

ジャンボジェット機
5万機

プラスチックごみ
800万トン/年

スカイツリー
222基

つくばっ子の追究

1部4年由井薗学級実践

STEM⁺ 総合活動

子どもの問いや思い※課題追究・解決に向けたSTEMの活用

荒井和枝

自ら見つけた問題を解決しながら、教科の学習内容を発展させたものづくりを行う

こうやって
実験してみたら
どうかな？

micro:bit を使って
みんなで確かめて
みようよ

Technology
Engineering
× micro:bit

さっきのやり方から
変えてみたよ

あれっおかしいな。
ここを直したら
うまくいくのかな？

2部 3年鷲見学級実践

STEM⁺総合活動でつくる学校行事

平川 譲

大スクリーンで
舞台演出

オープニングは
運動場で

3年生プロデュース！
1年生を迎える
子ども会

E.Aを
活用して

3年生のみんなで作った
ウェルカム・メッセージ

6年生入場も
オンライン配信
Ｔの活用！

幕間の
ダンスパフォーマンス

5年生プロデュース！

6年生を送る
子ども会

二部のみんな
おもいだしてごらん
あんなこと　こんなこと
おっ（…）でしょう

各教室にも
オンライン配信

はじめに

　子どもたちの未来を見据え、世界に目を向けた新しい「総合活動」をつくりたい。この思いから研究テーマについての議論を重ね、2019年2月の初等教育研修会の総合活動分科会で「STEM⁺総合活動」という新しい研究テーマを発表しました。

　「STEM教育」は2000年代に米国で導入されはじめた教育のモデルです。STEM（ステム）とは、「S：Science、T：Technology、E：Engineering、M：Mathematics」のことで、STEM教育はこれら4つの内容を横断的に学び、IT社会とグローバル社会に適応した国際競争力をもった人材を生み出すことを目的としました。

　この現代的な課題に対応した「STEM教育」と、これまで筑波大学附属小学校が重視してきた「子どもの問い」や「子どもの思い」を活かした総合活動との融合を考えて、新しく「STEM⁺総合活動」という研究テーマがつくられたのです。

　新たに「STEM⁺（ステムプラス）」という言葉をつくったのは、「＋」という記号に子どもが本来もっている力（問いをもつ力、子どもの思いや素直さ、生き生きとした意欲）をイメージしたからでした。

　実践を重ねてみると、子どもが設定した課題を達成したり追究したりするためには、STEMが不可欠であることがよくわかりました。活動のイメージをもつためにE（工学：ものづくり）とA（芸術・表現）が活用され、時にはE（工学：ものづくり）とA（芸術・表現）自体が課題そのものになることがありました。事象の理由・根拠を追究したり、説明したりするためにS（理科）とM（算数）が活用されました。そして、情報の収集や共有、表現にT（ICT技術）が当たり前のように活用されました。ICT技術の活用では、「GIGAスクール構想」が後押しをしてくれたことは言うまでもありません。

　令和3年12月24日に内閣府 総合科学技術・イノベーション会議、教育・人材育成ワーキンググループが「Society 5.0の実現に向けた教育・人材育成に関する政策パッケージ〈中間まとめ〉」を発表しました。3本の政策と実現に向けたロードマップの中の〈政策2〉では、「探究・STEAM教育を社会全体で支えるエコシステムの確立」が謳われています。これからは小・中・高全体で探究・STEAM教育が推進され、それを社会全体で支える動きになる見通しです。

　こういった日本の教育の流れから、本校の「STEM⁺総合活動」は今後も先導的な役割を果たすべく、実践的な研究を継続する使命があるものと考えています。

　東北大学大学院の堀田龍也先生には、2018年の立ち上げの頃から「STEM⁺総合活動」の意義や方向性についてご示唆をいただきました。自信をもってスタートできたのは、堀田先生の支えがあったからでした。2020年からは、放送大学の中川一史先生にも講師に加わっていただき、STEM教育の視点から「STEM⁺総合活動」へのご示唆をいただきました。お二人には本書にもご寄稿いただいており、心から感謝を申し上げます。

盛山隆雄

もくじ

グラビア
　STEM⁺総合活動 子どもの問いや思い×課題追究・解決に向けた STEM の活用
　STEM⁺総合活動でつくる学校行事

はじめに …………………………………………………………………………………… 001

第1章　STEM⁺総合活動とは何か ……………………………… 005

「STEM⁺総合活動」誕生の経緯 ………………………………………………… 006
STEM⁺総合活動の可能性 ………………………………………………………… 008
情報端末の活用が日常化する時代の STEM 教育を ………………………… 010
STE(A)M 教育の成立条件からのアプローチ ………………………………… 012
「『美意識』を育てる」研究と STEM⁺総合活動 …………………………… 014

第2章　STEM⁺学級総合 26 学級の実践 …………… 017

1年生	ビデオ劇を作ろう …………………………………………………… 018
1年生	感覚を数値化する …………………………………………………… 022
1年生	箱から"わくわく"が出てくる仕組みをつくる …………………… 026
1年生	「気づき」の質を高める生活科「わたしとかぞく」…………… 030
2年生	子ども料金を考える ………………………………………………… 034
2年生	学級劇をつくろう …………………………………………………… 038
2年生	野菜づくり名人への道は続く ……………………………………… 042
1・2年生	学校を楽しくする会社活動 ……………………………………… 046
2年生	手話つき合唱動画を撮影して応募しよう ……………………… 050
3年生	キレキレのダンスを踊ろう！………………………………………… 054
3年生	自らがもつ問題を解決する ………………………………………… 058
3年生	「遊び」を追究しよう！……………………………………………… 062
3年生	「STEM⁺総合活動」へつながる ICT 活用 …………………… 066
4年生	「お金のなぞ」にせまる …………………………………………… 070
4年生	フィリピンの友達とスカイプ交流 ……………………………… 074
4年生	ミッションをクリアしよう ……………………………………… 078
4年生	幸せをつくる・幸せを増やす TEAM プロジェクト …………… 082
5年生	あなたはプラスチックを食べていませんか？…………………… 086
5年生	昔話を科学する ……………………………………………………… 090

5年生	笑いを科学する	094
5年生	るるぶ Kids で東京のおすすめスポットを紹介しよう	098
5年生	自らの足跡を歴史に残す卒業プロジェクト	102
5年生	音楽×映像×総合	106
6年生	子どもが決めていく「きょうだいタイム」	110
6年生	講堂スペシャルステージへ	114
6年生	百人一首をプレゼンしよう	118

第3章　STEMを生かした行事 —STEM が新しい発想を生み出す—

…… 123

卒業生を送る子ども会	124
1年生を迎える子ども会 3年部	128
親子で楽しんだ「オンライン若桐祭」	132
(column) 筑波小の朝会が育てる 問題解決の姿勢	136

第4章　STEM⁺総合活動と美意識研究

…… 139

美意識を育てる STEM⁺総合活動	140
「葉っぱーく」の実現に向けて	142
「かざり」を作ろう！	146

第5章　STEM⁺総合活動を支えたテクノロジー

…… 151

STEM⁺を支える校内配信	152
Zoom を使ってできるかな？	154
パワーポイントの活用	156
大切なのはチャレンジと信頼	158

| おわりに | 160 |
| 執筆者一覧 | 161 |

第1章

STEM$^+$総合活動とは何か

「STEM⁺総合活動」誕生の経緯

盛山隆雄

<u>01</u> 本校の「総合活動」と「総合的な学習の時間」

　本校の「総合活動」は、昭和46年、現代化版の学習指導要領が完全実施される年、知育偏重主義に対して、人間性の回復と人間尊重を目指す教育の中核をなすものとして誕生した。具体的には、次のような目標を掲げた。

　「児童の自然な生活を基盤として自主的・主体的な体験学習を組織することにより、調和のとれた豊かな人間的資質の向上を図る。」

　平成10〜12年には、「自分づくりを支える教育課程」という研究テーマのもと、「総合活動」を中心に研究がなされ、テーマタイムやフリータイムという活動がなされた。それらは、子どもの素朴な問いを基盤にした追究活動であった。

　平成25年〜27年には「日本の初等教育本当の問題は何か」という研究テーマのもと、全国の教員にアンケート調査がなされ、総合の課題として「コミュニケーション能力の育成」と「ICT教育の推進」が挙げられた。これを受けて、本校の総合活動の研究もそれらの視点を意識するようになったのである。

　一方で、「総合的な学習の時間」は、平成10年の「生きる力」の育成を目指した学習指導要領のときに新設された。ところが、その後、児童生徒の学力低下が問題になり、総合への逆風が吹き始めた。平成20年には「習得・活用・探究」という学習の類型を打ち出し、総合的な学習の時間はその中の「探究」に位置づけられたものの、

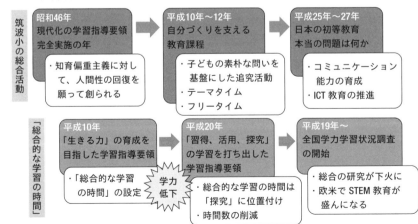

「STEM⁺総合活動」を研究することを決めた背景

時間数は削減された。同じころ、全国学力・学習状況調査が始まり、国語や算数といった教科の研究が盛んになったことで、ますます「総合的な学習の時間」の研究は下火になった。一方で、世界に目を向けると、このころ欧米では STEM 教育が盛んに行われるようになってきた。

02 「総合活動」と「STEM 教育」の融合

こういった総合の状況に危機感をもった本校の総合活動部では、「子どもたちの未来を見据え、世界に目を向けた新しい「総合活動」を創りたい」という思いをもつようになった。そこで、現代的な課題に対応した「STEM 教育」と子どもの問いや思いを基盤にした筑波の「総合活動」を融合させた「STEM$^+$総合活動」を考えるに至った。「＋」の記号には、子どもの問いや思い、生き生きとした意欲をイメージした。

研究テーマ「STEM$^+$総合活動」について

03 「STEM$^+$総合活動」の定義

2019 年 2 月の初等教育研修会で定義を発表し、今もそれは変わっていない。

> イノベーションを創りだす力を育てるために、子どもが本来もっている力を活かして、子どもが決めた課題を、科学、技術、数学、芸術等に関わる内容を横断的・総合的に活用して追究する活動

一般的に、STEM（ステム）とは、「S：Science、T：Technology、E：Engineering、M：Mathematics」のことを指す。しかし、本校の場合、STEM（ステム）の意味の中に、A：ART（芸術的要素）と、L：Language（言語的要素）を取り入れ、教科で学ぶ多様な資質・能力の活用をイメージして、実践的研究を継続している。

STEM⁺総合活動の可能性

佐々木昭弘

01 漢字が読める１年生

　公立小学校で１年生を担任していたときのことである。まだ未習の漢字であっても
ほとんど読める子どもがいた。不思議に思い、家庭訪問のときに母親に尋ねてみた。
保護者は建設業を営んでおり、数人の職人さんが自宅に頻繁に出入りしていた。車が
大好きだったこの子は、小学校に入学する前から大人向けの車の雑誌を読もうとして
いたのだが、漢字が多くて読めない。そこで、自宅で見つけた職人さんに「この漢
字、何て読むの？」と、手当たり次第に聞いて回っていたのだそうだ。すると、小学
校に入学するまでには、ほとんどの漢字が読めるようになっていたという。

　"好きこそものの上手なれ"とはよく言ったもので、この子にとって漢字の読みを
調べるという行為は、私たち大人がイメージするような「勉強」ではなく、自分の切
なる願いを達成するための「手段」だったのだと思う。そして、「努力する」「頑張
る」といった意識がないまま、結果として膨大な漢字の読みを自然に習得してしまっ
たということなのだと思う。

　その後、生活科が新設され、さらに総合的な学習の創設となった。この子の姿が理
想的な学びの一つなのではないかと思い出したことを覚えている。

02 「基礎を積み上げる学び」と「基礎に降りる学び」

　市川伸一氏（東京大学名誉教授）は、学校での学習には「既有の知識や技能を習得
する」という「習得サイクル」と「自らのテーマを追究して深めていく」という「探
究サイクル」があるとし、基礎から積み上げる教科の学習と、探究的で問題解決的な
総合的な学習の時間をリンクさせるという学びのモデルを提案している。

　何に書かれていたかは忘れてしまったが、テニスというスポーツを例に、教科学習
と総合的な学習の時間をリンクさせるイメージを、市川氏は「基礎を積み上げる学
び」と「基礎に降りる学び」で解説されていた。

　例えば、中・高校のテニス部の活動は、テニスに必要な体力や柔軟性の育成に始ま
り、ラケットの握り方、フォーム、スイングといった基礎・基本を徹底的に鍛える。
つまり、「基礎から積み上げる学び」の典型であり、鍛えた基礎・基本がゲーム（試
合）、つまり、その後の探究サイクルに生かされるという考え方である。

　一方、一般のテニススクールで「基礎を積み上げる学び」を優先してしまえば、み
んな辞めてしまう。楽しくないからである。そこで、基礎・基本の練習はそこそこ

に、軽いラケット、大きなボールを使ってゲームの楽しさを味わわせる。ところが、となりのコートを見れば、見事にラリーを展開する選手たちがいることに気付く。自分とのあまりの違いに恥ずかしいと感じると同時に、「あんなふうに自分もなりたい！」と憧れる。すると、基礎・基本の練習への動機付けが高まり、「基礎に降りていく学び」が実現するのだという。

　このような、「基礎から積み上げる学び」と「基礎に降りていく学び」をもとにした「習得サイクル」「探究サイクル」を柔軟にリンクさせていくことが、総合学習における習得型指導と探究型指導をつなぐ一つの方法と言える。本校のSTEM⁺総合活動は、その具体的な方法を提案できる可能性がある。

03　汎用的な資質・能力の育成

　本校の教育研究は、各教科の独立性が高いことが大きな特長の一つである。事実、教科特性を十分に生かしながら、「知識・技能」を習得させる授業を積み重ね、「思考力・判断力・表現力等」を育成してきた。そして、習得・育成を保障できる教科研究の継続によって、子どもの「学びに向かう力・人間性等」の涵養が実現されていたことは間違いない。

　しかし、教科独立性が高い研究システムであるがゆえに、解決できなかった教育課題があったように思う。その一つが、様々な教科・領域を越えて生きて働く、"汎用的な能力"の育成である。"汎用的な能力"育成を実現させるための教育的なアプローチは様々考えられるが、その一つが「総合的な学習の時間」における指導であり、そもそも創設された意味でもある。

　今、「カリキュラム・マネジメント」が大きな話題となっている。各教科で習得・育成・涵養された資質・能力を総合的な学習の時間で活用させるだけに留まらず、さらに踏み込んで各教科を連携させた"横断的な指導"のカリキュラムの導入によって、汎用的な資質・能力を育成できる教育カリキュラムへと更新させることはできないものだろうか。教科横断的な指導を取り入れたクロスカリキュラムの実現である。

　この考えは、これまでの各教科の独立性を否定するものではない。各教科の本質を重視したこれまでの研究システムをも継続することで、より機能するものと考える。

　「STEM」に、いったいどのような価値を＋（プラス）し、どのような新しい活動を創造できるか、その意味するところに限りない可能性を感じている。

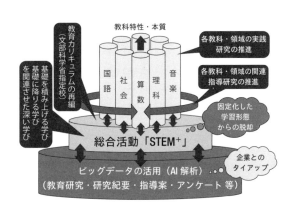

情報教育から見た STEM⁺総合活動の価値

情報端末の活用が日常化する時代の STEM 教育を

堀田龍也

01 私たちの暮らしはテクノロジーに支えられている

(1)「検索する」を考えてみる

　私たち大人は、知らない言葉があるとすぐにスマホで検索するだろう。このような行為はいつから当たり前になったのだろうか。

　インターネットが広まり始めたのは 1990 年代であり、検索エンジンの黎明期は 1990 年代後半である。Google で日本語で検索できるようになったのは 2000 年代前半のことである。まだたった 20 年前のことである。

　この仕組みを私たちはスマホで利用するが、そもそもスマホが世に出たのは 2000 年代後半。iPhone が日本に上陸したのが 2008 年、ドコモでも使えるようになったのは 2013 年である。たった 10 年前の新機能が、今や人々の行動の常識となっている。

　「変化が激しい社会」という表現がよく使われるが、これが高度情報社会の現実である。今、私たちが児童に提供している教育は、未来を見据えているだろうか。

(2) テクノロジーと共存する時代

　エアコンやロボット掃除機は、与えられた命令のもとに制御され、知的な振る舞いで私たちの生活を快適にしてくれる。

　車の自動運転は、電子地図のデータ、GPS とセンサーのデータ、カメラ映像の解析技術、運転時に人間が行っている知的判断のプログラム化、これを司る人工知能による制御によって、すでに実用化しつつある。現在の議論は、信号制御との連動などによるより安全な交通社会の実現のほか、自動運転が実用化した際の運転免許の在り方、道路交通法の改正、それでも万が一事故が生じた場合の責任の所在や保険適用の範囲など、技術の問題から社会の運用問題へと論点が移行している。

　我が国ではこれからさらに少子高齢化が進み、労働人口は激減していく。社会を維持するために、ロボットや人工知能と共存した社会が到来する。新しいテクノロジーを上手に活用し、人間はより人間らしい仕事に従事すること。これが今後のキャリア教育につながる。

　テクノロジーの仕組みの理解、それぞれの得意な技術を持ち寄り協働で社会課題へ適用するための思考力や行動力、テクノロジーがもたらす社会への正負の影響への理解と見方・考え方などが、個々の人材の就業や我が国の競争力を規定することになる。これが STEM 教育が求められる所以である。

02 筑波大附属小「STEM⁺総合活動」への期待

(1) STEM的な見方・考え方を育てる

「小学生にプログラミング？　ちょっと早すぎるんじゃないの？」

そういう声が時々聞かれる。しかも保護者ではなく教師から。このこと自体が大きな問題である。高度に進展する情報社会に鈍感だということだからである。

私たちの身の回りには、生活を支えてくれる便利な仕組みがたくさん存在している。自動ドアは、人が来たことを検知して開き、人が通過して数秒したら閉まる。つまり人感センサーやタイマーと連動したプログラムが動いているということである。トイレ等で見られる照明の自動的な点灯や消灯は、昼間は自動的に点灯しないのに夜間は点灯する。これは、人感センサーだけでなく照度センサーも利用しているからである。2つのセンサーの組み合わせによってエネルギーの省力化を図っていることに気づくことができれば、理科の学習内容から環境学習へも関連づけることができ、これらがプログラムによって支えられていることに自覚的になるはずである。

街中にある信号機も、エレベーターも、エアコンも、自動販売機も、全て一種のロボットであり、プログラムが組み込まれている。日常的に目にしているこのようなテクノロジーに対して、私たちが鈍感であってはならない。なぜならそれらのテクノロジーは、社会を改善するために人間が開発し運用しているからである。

(2) 社会の急激な変化をリードする自在を育てるSTEM教育に期待する

アメリカのシアトルにある Google を訪れた時に驚いたことがある。楽しそうに働いている社員には、中国人やインド人、トルコなどの西アジアの人たちが多く、アメリカ人はむしろ少なかった。日本人はほとんどいないと聞いて絶句した。

STEM教育の成果は、何年かたってこのような形で表れるのだということを目の当たりにした思いであった。テクノロジーに触れ、科学技術を理解し、社会に役立てるために探究を繰り返す。そういう教育にどれだけ力を入れたかが、働きやすい環境で自分の魅力を発揮しながら働く権利につながるのである。

「変化が激しい社会」は、人間が作った社会である。自分たちの社会の幸せや平和のために、科学技術をどのように活かしていけばいいのかを考え、主体となって社会に関わる。OECD がいう Well-being や Agency という概念はこのことである。

筑波大学附属小学校が進めてきた、子ども主体の学校行事や体験的な活動を中核に置いた個性的な総合活動は、一見、テクノロジーの対極にあるように見えるかもしれない。しかし、STEM教育は社会に役立ってこその教育であり、子どもたちにとっての社会は学級や学校である。学級や学校のみんなにとってよりよいことを、テクノロジーを活用して実現しようと探究する。その基軸となる精神は、テクノロジーに触れるだけで身に付くものではない。本校の「STEM⁺総合活動」も、Well-being を指向している。そこに社会に開かれた学びを提供してくれる情報端末がやってきた。学級や学校にとどまらず、社会に働きかける実践のさらなる発展に期待したい。

STE(A)M 教育の成立条件からの アプローチ

中川一史

　2021年に中教審から公開された「『令和の日本型学校教育』の構築を目指して」の中では、正解の暗記の比重から、自ら課題を見つけてそれを解決する力、あるいは、他者と協働して自ら考え抜く学びなどをどうつけていくのかということが喫緊の課題であることが示されている。「（教師が）教え込むことから（子どもが）学び取るへ」どう学びのスタイルを転換していくのか、の岐路に我々は立っているのではないかと思う。子どもが学び取る最たる姿が、「筑波発　STEM⁺総合活動～世界を見据えたこれからの時代の総合の創造～」にあると筆者は考えている。

　文部科学省が2020年に公開した「GIGA スクール構想の実現へ」における「ICTの『学び』への活用」によると、STEAM 教育の説明として、「ICT を含む様々なツールを駆使して、各教科等での学びをつなぎ探究する」「Science、Technology、Engineering、Art、Mathematics 等の各教科での学習を実社会での課題解決に生かしていくための教科横断的な教育」の2つで説明されている（図1）。

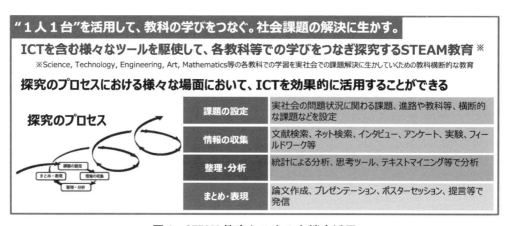

図1　STEAM 教育と1人1台端末活用

　STEM⁺総合活動は、STE（A）M 教育に子どもの問いや子どもの思いを活かした総合活動との融合を追究している。長年積み上げてこられた総合活動から STEM 教育の視点に切り込んでいる。一方、本稿では、STE（A）M 教育から切り込んでみる。STE（A）M 教育の成立条件を整理しながら、第2章以降を読み解く一助にしていただければと考えている。

　STE（A）M 教育の成立条件1は、「没頭できる魅力的なプロジェクトであること」だ。活動を単発に終わらせることなく文脈重視の活動を行うことである。むしろ、

STE（A）M教育というと、教科横断にこだわるがゆえにそこに縛られてしまう場合も少なくない。教科内容は後からついてくる、と考えた方がよいと思われる。

STE（A）M教育の成立条件2は、「乗り越えるべき『学びの壁』があること」だ。『学びの壁』には、以下のような留意点が考えられる。

・『学びの壁』が、簡単すぎず、かつ、難しすぎないこと
・思わず、作る・見せる・伝える羽目になること（リアクションを実感する仕掛けになっていること）
・「見ていた」（はずだ）けど「見えてなかった」ことに気づくこと（ズレの自覚こそ問題解決のポイント）
・『学びの壁』にインパクトがあること（ゼロをプラスに＝魅力促進orマイナスをゼロ以上に＝課題を解決・改善していこうとすること）
・最適解を追究していくこと（理想と現実を検討し、合意形成を行っていくこと）

いずれにしても、身近な問題から地域そして社会へとつながるように、問題解決の広がりを意識できる単元設計がポイントになる。

STE（A）M教育の成立条件3は、「E（工学的アプローチ）とSやM（科学的・数学的アプローチ）を行き来させること」だ。仕組みをデザインし、社会に役立つモノづくりをすることを中心に据えながら、その下支えとして、実験・観察をもとに法則性を見つけ出したり数量を論理的に表したり使いこなしたりして評価・改善を行うことだ。STE（A）M教育の成立条件4は、「Tinkeringを重視すること」だ。その中で、技術の仕組みや方法を活用でき、意味のある試行錯誤を行っている様が重要である。例えば、文部科学省から公開されている「小学校プログラミング教育の手引」においても、プログラミング的思考の説明の一部として、「児童は試行錯誤を繰り返しながら自分が考える動作の実現を目指しますが、思い付きや当てずっぽうで命令の組合せを変えるのではなく、うまくいかなかった場合には、どこが間違っていたのかを考え、修正や改善を行い、その結果を確かめるなど、論理的に考えさせることが大切」としている。まさに、これもTinkeringであろう。

最後に、STE（A）M教育の成立条件5は、「端末環境があまりにも普段使いされていること」だ。ツールの最適な選択も、児童が自分で判断し活用している必要があり、そのためには「使い倒している」こと、大人のスマホのようになることを視野に入れることが重要だ。

繰り返すが、本校の取り組みは、総合活動からSTEM教育の視点に切り込んでいることが肝である。その上で、本稿をお読みいただければ幸いである。

【参考文献】

・文部科学省（2020）GIGAスクール構想の実現へ
　https://www.mext.go.jp/content/20200625-mxt_syoto01-000003278_1.pdf
　（2022.07.31取得）
・文部科学省（2018）小学校プログラミング教育の手引（第三版）
　https://www.mext.go.jp/content/20200218-mxt_jogai02-100003171_002.pdf
　（2022.07.31取得）

美意識から見た STEM⁺総合活動の価値

「『美意識』を育てる」研究と STEM⁺総合活動

高倉弘光

01 「美意識」を育てる

(1) 予測不可能なこれからの時代に必要な力とは何か？

　本校の学校研究テーマは、3〜4年に一度更新される。平成30年、前テーマ「『きめる』学び」の成果と課題を踏まえ、これからの時代に必要な力とは何かについて見極め、新しい研究テーマを模索し始めた。

　これからの時代は「予測不可能」な時代と言われている。このことは平成29年3月に告示された学習指導要領にも記されている文言である。ちなみに、平成20年に告示された一代前の学習指導要領には、それから来るであろう時代を「知識基盤社会」と予測していた。たった10年で「予測不可能」に転じてしまうほど、今の世の中は超ハイスピードで進んでいるのである。そして令和2年、新型コロナウイルス感染症拡大が起こる。まさに、予測だにしなかった事態が世界を覆った。

　私たちは、次のように次代を見据え、生き抜くための力について議論した。

① 人生107年時代の到来

　平成29年に厚生労働省から出された白書によると、現在の中学生の半分は107歳まで生きられるそうだ。もしそうだとしたら、たとえその時代に定年が75歳まで延びたとしても、30年以上のいわゆる老後が待ち受けている。肉体的にも精神的にも健康で、幸せを感じながら人生107年をたくましく生き抜いていく力の育成が求められる。では、たくましく生き抜くための原動力は何か？

② AI 時代の到来

　日本のAI開発の能力について考える。今やAIは世界になくてはならないインフラである。2004年には世界で第4位だった日本のAI開発に関する論文の被引用数は、2019年には9位にまで落ち込んだ。さらにその2年後には10位にまで下がっている。かつてから叫ばれていることだが、枠にとらわれない創造性の育成は今も急務である。創造性の元となる原動力は何か？

③ 人としてよりよく生きること

　学習指導要領では、いわゆる3つの資質・能力の育成を謳っている。このことには異論のないところだが、身に付けた知識や技能、思考力等をどの方向に使うのか、そこまで見越した教育が、これからの一つの課題である。これまでの歴史が語っているように、過去の戦争や大きな事件等を見ても、個人の資質や能力は、世の中の平和のために使われなければならないのは自明の事実である。これだけ世の中が複雑な様相

を呈しているとき、「人としてよりよく」生きることの重要性はさらに増していると思われる。よりよく生きるための原動力は何か？

　以上、これから重要視されるだろう教育の課題を見据えたとき、その中心に置くべき研究のキーワードは何か……。私たちは、それを「美意識」と名付けることとした。こうして生まれた新研究テーマが**「『美意識』を育てる」**である。

(2)「美意識」研究とは？

　本研究の概要をまとめると以下のように整理される。

〈「美意識」の定義〉
「美意識」とは、その子の「みえ方」や「こだわり」をもとに、本質を捉え深めようとする心の働きである。それは「共に幸せに生きるために発揮される資質・能力」の源である。

〈本研究の目的〉
初等教育において、子どもに育むべき「美意識」とはどのようなものか、そしてどのように育むことができるかを探るとともに、「美意識」をよりよく育むためのカリキュラムモデル創出を試みることを本研究の目的とする。

〈本研究で目指す子ども像〉
自らの「美意識」に素直に向き合い、追究したいことを見いだしたり、よいと思ったこと、正しいと思ったことを実行したり、取り入れたりすることを通して、新たな価値を共に創造することを楽しみ、自らの「美意識」を成長させようとする子ども。

〈本研究の内容〉
(1)各教科や領域が固有にもつ、子どもに育てたい「美意識」について、授業の具体、子どもの具体的な姿を通して明らかにする。
(2)授業や教育活動全体を通して、子どもの「美意識」がどのように育まれるかを明らかにする。
(3)「美意識」がよりよく育まれるためのカリキュラムモデル創出を試みる。

〈本研究の方法〉
(1)各教科や領域が固有にもつ、子どもに育てたい「美意識」について、授業の具体や子どもの具体的な姿を通して明らかにする。
(2)授業や教育活動全体を通して、子どもの「美意識」がどのように育まれるかを明らかにする。

　「『美意識』を育てる」研究は令和2年度から4年間の計画で進められているが、本研究は同時に文部科学省の「研究開発学校」の指定を受けており、こちらも同じく4年間の期間で、次代の新しいカリキュラム開発をテーマとしている。現代の「オーバーロード」と言われている我が国の教育カリキュラムを問題視した上でのカリキュラム開発への挑戦である。「美意識」を育てることで、子どもたちの、物事への見方や考え方が子どもの中で組織化されることが期待され、そのことがカリキュラム・オーバーロード解消の一助になるのではないかという仮説である。

02　STEM⁺総合活動と「美意識」研究

　いわゆる「美意識」研究では、子どもの「みえ方」を基点とする学習展開を重要視している点に大きな特徴がある。これは、各教科の学習だけに適用されるのではなく、本校で脈々と実践されてきている「総合活動」においても大切にされている意識である。子どもから、その対象が「どうみえているのか」を出発点にして総合活動を立ち上げる、STEM⁺の＋（プラス）にこの「子どものみえ方」という意味を込めている点は出色である。本当の意味での子ども発の総合活動に、「美意識」がどう働くのか、ここが研究の勘どころなのである。

第2章

STEM⁺学級総合 26 学級の実践

ビデオ劇を作ろう

富田瑞枝

01 子どもの思いと活動の概要

　2年生に進級したら舞台の上で全校に向けて劇を披露することを、子どもたちは心待ちにしていた。しかし、新型コロナウイルス（COVID-19）感染症の流行により、その願いは叶わないものとなった。そこで、思い出の一つとしてビデオ劇を作ることにした。台本づくりや撮影を子どもたちが行う中で様々なSTEMの活用が見られた。

　「ビデオ劇をみんなで作ろう」という提案は担任より行った。様々な行事の中止が続いた中で、学級全体での目標が生まれた瞬間であった。

02 主な STEM の活用

S…ロケットを飛ばす
T…劇を撮影する
E…ロケットや馬車を作る　　　・場面の雰囲気をつくる　　　・ロケットを飛ばす
M…台詞の数や長さを決める

03 単元の構想

単 元	活動の概要	活用した STEM
台本を作ろう	・場面ごとに内容を決める ・一人一人の出番を平等にする	・台詞の数や長さを測定する
衣装や道具を作ろう	・衣装や小道具を作る ・大道具（ロケット等）を作る	・ロケットを飛ばす仕組みを考える
撮影本番！	・ロケットに乗り込む場面を撮る ・月の国の場面を撮る ・馬車の場面を撮る ・ロケットを飛ばす場面を撮る	・タブレットを使って撮影する
開催「1－2シアター」	・お客さんを招待する	

04 単元の流れ

（1） 台本を作ろう

　劇をする際の元台本となるものを子どもたちから募集し、2作品作ることとなった。元台本には大まかなあらすじだけが書いてある。作品を全員に紹介し、内容を付け

足していくことを呼びかけた。4人程度のグループをつくり、場面ごとに台詞や動きなどを考え、付け足したものは全体で共有して場面ごとのつながりをもたせた。

　配役を決める前から、一人が目立つ作品にはしないこと、全員が同じくらい出番があるものにしたいことを話している。1つの作品「白ずきんちゃん」のお話では、ライオン、クマ、リス、ネコの4匹の動物が出てくる場面がある。台詞を検討した際に、その4匹で台詞の量にばらつきがあることに気づき、台詞の回数や言葉の文字数を数えながら、そろえようとしていった。

(2)　衣装や道具を作ろう

　「白ずきんちゃん」の台本の中に、「主人公が助けたうさぎに連れられて、月の国へ行く」という場面がある。そこで、月に行くためのロケットをどうするか、という話になった。子どもたちははじめ「段ボールで作る」と話していたが、以前、段ボールで大きな滑り台を作ろうとして失敗に終わった経験がある。話し合うことで制作の見通しをもたせたかったため、少し時間をとって意見を待った。

　すると、ある子どもから「ビデオだから、ロケットが大きく見えるように近づいて撮ればよいのではないか」という意見が出た。その意見を聞いて、「外側はそうして、中だけ作ることもできる」とロケット作りの見通しをもつことができた。

(3)　撮影本番！

　担任が撮影する1つのビデオで、場面ごとに撮っていく。主に以下の4つの場面でSTEMの活用が見られた。

① ロケットに乗り込む場面

　「小さなロケットでも、近づいて撮れば大きく見える」という子どもたちの発想から作ったロケットの、実際の撮影場面である。

　子どもたちはロケットに主人公たちが乗るところや降りるところも撮るつもりだったようであった。そこで、どれくらいの位置にロケットを置き、どれくらいのところに立てばよいか、画面を見て試しながら撮影を行った。遠近法の活用である（図1）。

図1　実際の映像

② 月の国の場面

　主人公が月の国で豪華な食事をふるまわれる場面。撮影場所は教室で行った。「このままだと明らかに教室だから、月の国にいるみたいにしたい」と子どもたちの考え

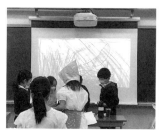

図2　撮影の様子（左）　実際の映像（右）

たことが、プロジェクタで背景を映しながら、その前で演じることである。撮影するときは、黒板や児童机が一切写らないようにアングルを決めて撮影した（図2）。

③ 馬車の場面

大道具の一つとして、主人公たちが月の国で乗る馬車が作られていた。しかし、撮影が近くなっても一向に完成しない。

そこで、馬車の全体ではなく部分を写せばよい、という「月の国の場面」での撮影技術を生かし、馬車の場面の撮影ができた（図3）。

図3　上だけしか完成していない馬車（左）実際の映像（右）

④ ロケットを飛ばす場面

撮影が進む中で、「ロケットが飛ぶシーンはいつ撮りますか」と質問があった。ロケットが飛ぶ場面を入れるかどうか決めていなかったため、子どもたち全員にロケットが飛ぶ場面が必要か聞くことにした。聞いてみると、ほとんどの子どもが「ロケットを飛ばしたい」と意思表示したため、ロケットを飛ばす場面を入れることにした。様々な方法を試しながら、ロケットを飛ばすことを試みる。

糸で引っ張って飛ばす

子どもたちが最初に考えた方法は、透明な糸をロケットの先端に結びつけ、糸を枝に引っ掛けて、ロケットの付いていない方の糸の端を引っ張る、というものである。撮影場所にはたくさんの木が生えていたので、これを利用することを考えたようである（図4）。撮影したものの、子どもたちは動画を見て、がっかりしていた。まっすぐに飛ばない上、周りの景色が映ってしまったことで、ロケットが大きくないことがわかってしまう。

別の手段を考えるべく教室で会議をすることになった。

てこの原理で飛ばす

「定規を使って『てこの原理』で消しゴムを飛ばすように、ロケットを飛ばしたらどうか」というアイデアが次に出た（図5）。図工の先生から木の板を借りてきて試した。しかし、てこの原理を利用しても、まっすぐに飛ばず、すぐに落ちる。

図4　糸で引っ張って飛ばす

飛んでいるように見せる

ビデオカメラの画面を教室のプロジェクタで大きなスクリーンに映しながら検討していると、「床に置いて、糸で引っ張ればいいのではないか」という意見が出た。早速試してみる。こちらも、まっすぐに飛んでいるよう

図5　てこの原理

に見えなかった。その様子を見ていた別の子が「カメラが動けばいいんじゃないか」と言い出した。動かしてみると「そうそう、そんな感じ」と子どもたちのイメージに合う、飛んでいる様子になった。

「背景を実物投影機で映して、そこを飛んでいるみたいにしたらどうかな」「背景は、宇宙にしよう」「僕、背景をかく」と、だんだんと、ロケットを飛ばすことが現実的になった1時間であった。背景が準備できた次の時間に、撮影することとなった。宇宙の絵を実物投影機に映し、大きなスクリーンに背景を映す。その前にロケットをスタンバイ。あとはカメラが動くだけである。撮影開始。カメラだけを動かす。撮影した動画をすぐに全員で見る。

「何か違う」と子どもたちは納得していない。

「地球から月に行くんだから、やっぱりロケットを動かさないと」と話し始めた子どもがいた。背景が地球と月を描いたものであったため、カメラが動いたのでは、ロケットが地球から月へ飛んでいるように見えない、ということだった。

急遽、カメラに写らないように、下でロケットを動かすことになった。「もっとゆっくり動かした方がいい」等、撮影した動画を繰り返し検討し、子どもたちが納得できる、ロケットを飛ばす場面を撮影できた。

**図6　撮影の様子（上）
　　　実際の映像（下）**

（4）　開催「1－2シアター」

自分たちの作品を学校の人たちに見せたいと、「1－2シアター」を企画した。密を避けるために、一度に全校に呼びかけることはせずに、1クラスずつ招待しながら複数回行うこととした。開催を終えると、その都度、反省を共有しながら、次をもっと良い会にできるように話し合いをした。

図7　1－2シアターの入り口

05　まとめ

「ビデオ劇」という設定や、ファンタジー作品を扱ったため、子どもたちは試行錯誤しながらSTEMを活用して、完成に至ることができた。

機器を子どもが自由に使うことができれば、それぞれのさらなる工夫が発揮されたことが考えられる。今回は、1つのビデオカメラを使用したため、画面を繰り返し見ながら、全員で一つのことにこだわって検討できた。この経験は、何度失敗しても新たな方法を探り、最後に苦労を知る者同士で完成の喜びを分かち合うことに大きくつながったように思う。

感覚を数値化する
―子どもの問いになったとき活用されるSTEM⁺―

白坂洋一

01 子どもの思いと活動の概要

　課題は子どもの身近なところにある。学級で朝の活動の一つにドッジボールに取り組んでいる。「いつも緑組が勝つ」という子どもの声を糸口に、日々の結果をデータとして表に整理していく。データから見えてきたことを出発点に、「みんなが楽しめる」という目的を達成するための「組分け」方法を検討していった。パワー、よける、とるなどドッジボールに関わる要素を数値化し、それらをレーダーチャートにまとめることを通して、STEM⁺を活用した組分けに取り組んでいった。

02 主なSTEMの活用

E…「みんなが楽しめる」という共通の目的を達成するための組分け方法を考え、検討することを通して、改善を行う。

M…ドッジボールの結果をデータとして表に整理することを通して、分析する。
　　ドッジボールに関わる要素（「距離、パワー、命中率、とる、よける」）を数値化し、レーダーチャートに整理することを通して、分析する。

03 単元の構想（全15時間＋課外活動）

単　元	活動の概要	活用したSTEM
(1) 組分け方法を考えよう	・これまでの組分け方法を振り返り、課題を出し合う。 ・日々の結果を表に整理し、表からわかることについて話し合い、学級での活動の目的を改めて共有する。 ・目的を達成するための組分け方法を考え、プレゼンテーションする。 ・学級での組分け方法を検討し、活動計画を立てる。	ドッジボールの結果をデータとして表に整理することを通して、分析する。
(2) ドッジボールの強さを分析しよう	・ドッジボールに関わる要素（「距離、パワー、命中率、とる、よける」）を計測し、結果を表にまとめる。 ・5つの要素をレーダーチャートにまとめる。	5つの要素を数値化し、整理・分析する。
(3) 組分けしよう	・組み合わせ表をもとに、組分けを行う。 ・組分けをもとに、活動を行う。	

04 単元（授業）の流れ

（1） 子どもの生活が出発点―課題意識の高まり―

　学級で朝の活動の一つにドッジボールに取り組んでいる。1年生ではじゃんけんや番号順などで組分けを決めていた。ある時、子どもから次のような意見が出された。

　「みんなが楽しむ時間なんだから、組分けは曖昧ではない方がいい」

　そこで、学級全体で話し合いを行った。1人の子が体育の学習を活用した方法を提案する。それが、一人一人がボールを投げた距離をもとに組分けする方法であった。その方法に全員が納得し、組分けを行った後、2年生でも続けて取り組んでいた。

　そんなある日、こんな声が子どもから上がる。

　「いつも緑組が勝つ」

　この声は、どうやら学級の1人の意見ではないようだった。緑組を含め、学級の数人は少なくとも、そう感じているようであった。その声を出発点に、学級で現状について話し合うことにした。

　すると、先ほどの声に加えて、「曜日によってどちらが勝つかは偏りがある」「活動時間によっても勝ち負けに偏りがある」などが意見として出された。しかし、これらの意見は個人の感想レベル、まだ感覚的なものである。そこで、次のように提案した。

　「なるほど。でも、確かめてみないとわからないよ。その結果をまとめてみたらどうかな」

　つまり、データの活用である。感覚的かつ主観的な意見を、客観的な事実としてまとめ、整理する。「視覚化」することを提案した。

　すると、係の児童数名が毎回の結果を表にまとめていくことに決まった。右の表の項目には、ドッジボールの種類、活動時間、勝敗と内訳がまとめられている。表には、約1カ月間の取り組みがまとめられている。

　「表にまとめたこの結果からわかることはどんなことだろう？」

　この表から事実として明らかになったことがある。それは、「緑組が強い。しかも、水曜日はいつも緑組が勝つ」ということである。これまで学級では、ボールを投げた距離をもとに、曜日ごとにドッジボールのチームを編成していた。この表の事実から、子どもたちから「チーム分けを見直す必要がある」という声が上がってきた。

　子どもたちの課題意識が高まった瞬間であった。このことはSTEM$^+$の「M」、ドッジボールの結果をデータとして表に整理し、分析したことによって浮かび上がった意見であった。

　そこで、次のように子どもたちに問いかけた。

「実際にデータを取ってみることで、偏りのあることが事実としてわかったね。ということは、これまで私たちが組分けでやっていた方法がふさわしくなかったのかもしれないね。みんなが楽しめるドッジボールにするにはどうすればいいかな」

目的によって、方法は変わる。学級での朝の活動の目的は「みんなが楽しめる」という共通の目的であった。だから、ここでは「間違い」という表現ではなく、「ふさわしくない（適していない）」という表現で子どもたちに用いている。この問いかけに、多くの子どもたちから手が挙がり、様々なアイデアが出される。

課題が「子どもの問い」になり、子どもが動き出した瞬間であった。ここで、アイデアを形にし、まとめる時間をしばらく取ることにした。

(2) 子どもの問いになったとき活用されるSTEM⁺

「みんなが楽しめるドッジボールにする」という目的のための組分け方法として、子どもたちは、アイデアを形にして、まとめてきた。

それが、右のような写真である。ここで紹介しているのは、ほんの一部である。まず、アイデアのプレゼンテーションを行った。アイデアを出し合うことによって、考えを多様に広げることを目指した。

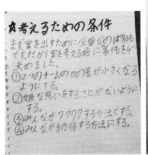

アイデアの出し合いによって、話し合いが集約されないのではと疑問を抱くかもしれない。しかし、話し合いで一番まずいのは、議論が逆戻りすることである。考えられる可能性について、この段階でアイデアを出し合うことによって、議論の逆戻りを防止する。

次に、「みんなが楽しめるドッジボールにする」という目的を達成するために、ふさわしい方法はどれかについて検討していった。ここでは、安易に「どれがいいか」を問わず、この話し合いが何を目的とした話し合いであるのかを常に子どもたちにもフィードバックしながら進め、場合によっては立ち返ることを意識した。そうすることによって、子どもたち自らでアイデアの関連づけが始まる。

アイデアの関連づけがされてきたところで、良さに目を向けて話し合った。この段階の話し合いで気をつけたいのは、自分が支持するアイデア以外の問題点や難点ばかりを挙げる話し合いに終始してしまって、最終的に多数決を取ることで、数の論理によって決まってしまうという点である。話し合いで議論を重ねても、いくつかには絞られたものの、どうしても多数決を取らないといけないという状況も当然生まれてくる。そこで、目的の達成のために、どのアイデアがふさわしいか、その方法を決めていくのに、私の学級では、多数決でなく、7枚のシールを使った決め方を用いている。一人一人に7枚のシールを配り、自分がふさわしいと思ったアイデアにシールを

貼っていく。例えば、1つのアイデアに7枚全てのシールを貼ってもいいし、2つの
アイデアに2枚と5枚に分けて貼っても、3つのアイデアに貼っても構わない。シー
ルは7枚だが、配分は本人に任されている。

今回、学級で決まった方法は、右に示すよ
うな、ドッジボールに必要な要素を「距離、
パワー、命中率、とる、よける」という5つ
の観点に分けて数値化する取り組みであった。

そこで、5つの観点に従って、測定し、数
値化していった。下の写真を見ていただくと
わかるように、測定も含め、自分たちで行っ
ている。子どもにとって、身近であり、
自分に大きく関わる課題であったからこ
そ、子どもたちにこだわりが生まれ、こ
のように本気さが生まれる。

また、「みんなが楽しめるドッジボー
ルにする」という目的が共有されていた
ということもあって、数値化によって、
個人差に着目することはなかった。

子どもたちが測定し、数値化したもの
は観点に従って、レーダーチャートにま
とめていった。また、実際の組分けにつ
いては、右図のような方法を使って組み
合わせることによって、編成していっ
た。編成方法も子どもから出されたアイ
デアの一つである。

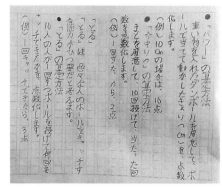

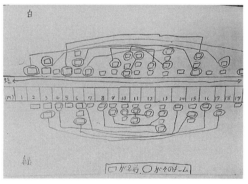

05 終わりに

身近な課題が「子どもの問い」になったとき、その目的達成のために、子どもたち
はSTEM⁺を活用する。今回の実践では、まず、ドッジボールで「いつも緑組が勝つ」
と抱いていた感覚をデータの活用として表にまとめることを通して、事実として明ら
かにしている。また、その方法として、ドッジボールに必要な要素を5つの観点に分
け、数値化を通して、レーダーチャートに表し、組み合わせによる編成をしている。

この取り組みの背景には、＋の部分が大きく関与しているといえる。つまり、子ど
もたちの問いや願いである。本学級の子どもたちの目的であり、願いは「みんなが楽
しめること」であった。

STEM活用が目的ではなく、子どもたちの目的達成のために私の学級ではSTEM⁺
を活用したといえる。

箱から "わくわく" が
出てくる仕組みをつくる

夏坂哲志

01　子どもの思いと活動の概要

　夏休みの自由工作で自動販売機を作ってきた子がいた。箱のボタンを押すと、その内側にある棚の上の品物が押されて落ちてくるという単純なつくりなのだが、これに周りの子たちも興味をもった。

　それから間もなくして、大量の段ボール箱が手に入った。PTA 主催のお祭りのイベントで使った段ボール箱の再利用である。大きさもちょうどよかった。

　段ボール箱を使って何かできないだろうかと子どもたちに提案すると、いくつかの案が出された。作るための手がかりとして、「自動販売機」と「ガチャポン」を作る過程を動画で紹介した。ただし、見せるのは 1 回だけ。子どもたちは、仕組みについての大まかな記憶を頼りに、友達と相談しながら試行錯誤を重ねていった。

　完成した作品にはこだわりが見られ、機械から出てくる景品や品物には子どもたちの "わくわく感" がいっぱい詰まっているように見えた。

02　主な STEM の活用

T…仕組みや工夫した点を発表するために、実物投影機やカメラ、PC を活用する。
E…仕組みを理解し、滑らかに動くように何度も試しながら調整する。
M…箱やペットボトルの形の特徴を生かし、それらを組み合わせる。

03　単元の構想（全 16 時間）

単　元	活動の概要	活用した STEM
(1) どんなものが作れるかな？（2 時間）	・「自動販売機」の仕組みを知る。 ・「ガチャポン」の作り方の例を動画で見る。 ・段ボール箱で作る物を決める。	・仕組みを理解する。
(2) 段ボール箱で仕組みを作ろう！（10 時間）	・材料を集め、友達と協力して作る。 ・中間発表会で、友達の工夫を知る。 ・実際に動かしながら、よりよい物にする。	・箱やペットボトルの形の特徴を生かす。 ・長さや傾きを変える。
(3) 作品を発表しよう（4 時間）	・工夫した点や苦労した点などを発表する。 ・お互いに作品を交換して遊ぶ。	・見せたいところをカメラで写す。

04 単元（授業）の流れ

（1） たくさんの段ボール箱

　夏休みの自由工作で、Kさんが自動販売機を作ってきた。箱の外側にはボタンが並んでいて、そのボタンを押すと、取り出し口から選んだ品物が出てくるつくりになっている。これを見た他の子たちは、その仕組みに興味をもった。

　箱を開けて中を見ると、ボタンの先には棒が付いていて、その後ろに並んでいる品物を押し出すようになっている。押された品物は下に落ちて、取り出し口に現れる。遊ばせてもらった周りの子たちからは、「自分も作ってみたい」という声が聞こえてきた。

　箱を使ってどんなことができるだろうかと考えていた私にとって、自動販売機作りは一つの候補になった。

　そんなことを考えているところに、たくさんの段ボール箱があるので使ってほしいという話が舞い込んできた。PTA主催のお祭りのイベントで使った段ボール箱がたくさんあるというのだ。箱の大きさはそろっていて、しかも、私がやろうとしていたことに、数も大きさもちょうどよい。余ったガムテープと一緒に、喜んでいただくことにした。

（2） 段ボール箱で何を作るか

　以前、1年生を担任したときに、たくさんの段ボール箱を積み重ねて滑り台を作ったことがあった。楽しい活動で子どもも喜んだのだが、全員で大きなものを一つ作る作業なので、一人一人の活動量はそれほど多くはなかった。また、置く場所にも困った記憶がある。だから、もっとコンパクトな活動にしたいと考えた。

　今回は、自動販売機のように操作すると箱の中から何かが出てくるような楽しい箱を作らせたいという思いがあったので、夏休みにKさんが作ってきた自動販売機を例示しながら、段ボール箱を使ってやってみたいことを尋ねてみた。

　意見は、次の3つに分かれた。

① 水族館

　厚紙で魚を作り、それを箱の中に糸でつるすと水槽ができる。その箱をたくさん並べると「水族館」になるというアイデアである。

② 自動販売機・ガチャポン

　「Kさんが作ったような自動販売機を作りたい」というものである。箱から物が出てくる機械から発想して、「ガチャポンを作りたい」という子もいる。

③ 記者セット

　やはり機械なのだが、パソコンやカメラなど箱形の物を作りたいという意見である。これらを集めると「記者セット」ができるという。

(3) 子どもたちの工夫

① 水族館

　作り始めの頃の水槽は、写真①のように上からひもをたらし、その先のクリップに魚を取り付けたものだった。

　ところが、魚の数が多くなると、水槽の中が暗くなり、よく見えなくなることがわかった。そこで、中を明るくするためのアイデアとして、底の部分にアルミ箔を貼ってみた。それでもまだ暗いので、天井部分に穴を開け、水を入

写真①　　　　　　　　写真②

れたペットボトルを差し込むことにした。水が光を反射して明るくなると考えたからだ。

　このような試行錯誤を経て、最終的にできたものが写真②。中は、底のアルミ箔に反射した光で照らされている。さらに、魚はゴムの力で回転するように作られている。

②の1　自動販売機

　写真③は自動販売機である。お菓子の箱が9つ見えるが、そこにはガラスの代わりにクリアファイルを切り取ったシートが貼ってある。取り出し口にも同じようにシートが付けられている。

　その箱を開けると写真④のようになっている。ボタンを押すと、ボタンの先にある筒の部分がお菓子の箱を押す。押された箱は段ボールの斜面を滑って取り出

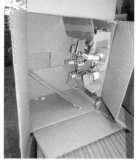

写真③　　　　　　　　写真④

し口から出てくる仕掛けだ。

　これを作った子たちは、ボタンの色と押し心地にもこだわった。そのことは、右の発表原稿にも書かれてある。

　自動販売機の仕掛けや飾りは、グループによって異なる。品物の小さな箱が調達できなかった子たちは、写真

写真⑤　　　　　写真⑥　　　　　写真⑦

⑤⑥のように紙を丸めて缶ジュースの形を作ったりした。この自動販売機には、キャップの返却口とキャップを受ける箱も備え付けられている。写真⑦は、チョコの箱がうまく落ちるようにするためにおもりをつけたのだそうだ。

　作りながら考えていることがよくわかる。

②の2　ガチャポン

　右の2つの写真は、ガチャポンの例である。

　写真⑧の上部の竹ひごを引っ張るとふたが開き、そこからカプセルを入れられるようになっている。ポテトチップスの筒で作った部分を回すと、その筒の穴にカプセルが1個だけ収まる。さらに半回転させると、そのカプセルが下に落ちて取り出し口から転がって出てくるという仕組みだ。

写真⑧

写真⑨

　筒の部分は、はじめはペットボトルを使うグループが多かったが、加工が難しいので紙製の筒を使ったり自分で作ったりする子たちが増えた。

写真⑩

　筒をはめ込む穴は、底面の円をなぞることで、ぴったりと合う大きさにして作業を進めた（写真⑩）。

（4）　発表と新しい作品づくり

　製作過程の途中段階と完成後に、グループごと発表をする場を設けた。発表の仕方も次のように様々である。

・実物投影機を使う。デジカメで撮影した写真を映す。
・紙芝居やパワーポイントに整理する（写真⑪）。
・ノートに写真と解説をまとめる（写真⑫）。

　カメラやパソコンなどは、1年生でも活用できそうである。

　発表後も、休み時間に集まって改良を加えたり、新しい作品（例：UFOキャッチャー）づくりに挑戦したりする子どもたちの姿が見られた。

写真⑪

写真⑫

「気づき」の質を高める生活科 「わたしとかぞく」

—見えるものから、見えないもの—

粕谷昌良

01　気づきの質の高まりをねらって「STEM⁺総合活動」をつくる

　平成元年に創設された生活科では、児童の生活圏を学習対象として、それらと直接関わる具体的な活動や体験を通して様々な気づきを得て、自立への基礎を養うことをねらいにしてきた。この「気づき」は低学年児童の発達段階を踏まえた生活科らしい資質・能力と言ってよいだろう。一方で、生活科は、これまで「活動あって学びなし」と批判されることが少なくなかった。例えば教科書に示された学習活動を行うにあたってもその裏にある「気づき」を考慮した指導が必要になる。そのため、学習指導要領の改訂の度に「知的な気づきを大切にする」（平成11年）「気付きの質を高める」（平成20年）、そして今回の改訂では「低学年らしい思考や認識を確かに育成し、次の活動へつなげる学習活動を重視すること」と改訂の方針が示されてきた。このように「気づき」の高まりや認識・思考の深まりを見据えた単元構成と授業実践が求められている。

　一方で総合的な学習の時間においては、図（『小学校学習指導要領（平成29年告示）解説 総合的な学習の時間編』）のように探究的な学習を繰り返すことで、子どもたちの考えが更新されていることがわかる。「気づき」を活かして、新たに獲得したものの見方から、次の学習へとつなげていくのである。この「気づき」の高まりを意識した単元構成を考えていきたい。

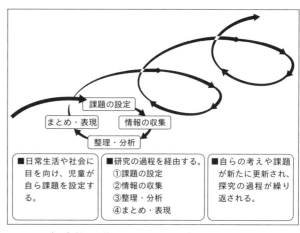

探究的な学習における児童の学習の姿

02 STEM⁺の活用

　私は特に社会科の授業づくりに関心をもって実践をしているが、授業で子どもたち
に多角的な思考を育成することを心がけている。例えば干潟の埋め立てという社会事
象を学習する時、埋め立てを進める側と問題点を指摘する側の両方の立場に立って考
える必要がある。一方は経済面、もう一方は環境面という具合に多角的に考えていか
なければよりよい判断を下すことは難しい。環境面に配慮する人々を学習することは
とても大切だが、その立場だけにこだわって学習していくと、ともすると感情的で一
面的なものの見方を育てることにつながりかねないのではないか。そこで私は一つの
社会事象を２つ以上の立場から考える「アナザーストーリーの社会科授業」を行って
いる。いくつかの立場から考え、子どもたち自身にどうするべきか多角的に判断させ
るのである。今回の生活科においても、子どもたちにお仕事について、「お仕事をす
ることは偉い」というような一面的なものの見方ではなく、子どもたちが「やってみ
たいなあ」とか「仕事って楽しそうだなあ」と思えるように単元を構成した。

　指導にあたっては、自分と父母の一日を表にまとめる。すると父母が一番長い時間
を費やしていることは仕事（家事・社会双方を含む）であることに気づく。子どもた
ちは、「一日のほとんどの時間を仕事している」「とても大変そう」という感想を持つ
だろう。そういう視点で仕事の苦労について父母にインタビューすると子どもたちは
「家族のために、がんばっている」「私のためにありがたい」という認識を持つ。この
段階では仕事を一面的に捉えているということになる。

　しかし、私たちが仕事をする理由は、金銭を得るだけではないだろう。「自己実現」
や「社会貢献」の喜びも大切にしている。料理教室に通う母やよりよい製品を作りた
いと進んで働く父など気づかなかった事実に気づいた時、子どもたちは「仕事」への
認識を揺さぶられるとともに、仕事と社会のつながり、その仕事を支える「家族」へ
の認識を深めることができるのではないか。仕事（子どもに置き換えればお手伝い）
をすることは偉いことだという外からの動
機付けだけではなく、「楽しいな」「もっと
よくしてみたい」というような内なる動機
を芽生えさせたい。これが STEM⁺の「＋」
の育成である。一つの事象を２つの面から
捉える１年生なりの多角的な思考である。

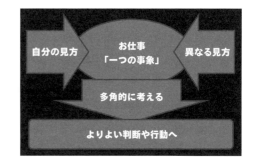

03　単元のねらい

　家族の仕事を体験したり、家族の一日を
比べたりすることを通して、家庭生活を支える仕事の大切さを理解するとともに、よ
りよい家庭生活を営むために自分のできることを考える。また、仕事と自己実現の関
係に気づき、自分自身の成長と自分と社会が関わっていることに気づき、自分の仕事
（お手伝い）を見つめ直すことができる。

04　指導計画（9 時間）

第1次　「起」「私の一日と家族の一日」（MとLの活用）
　①私の一日を表にしよう
　②お父さん、お母さんの一日を表にしよう

第2次　「承」「お手伝いをしよう」
　①お手伝いの計画を立てよう
　②お手伝いをしよう

第3次　「転」「お母さんとお父さんのお仕事」
　①一番長く時間を使っているお仕事って何だろう
　②何のために仕事をするの？　（本時）

第4次　「結」「もう一度お手伝いをしよう」
　①お仕事って何だろう。
　②もう一度お手伝いをしよう。もっと工夫できることは何かな
　③仕事をすることは大変なことばかりじゃないな

05　指導の実際

（1）　本時のねらい

　仕事の大変さを発表することを通して、父母が家族のために働いてくれることを理解するとともに働く喜びの一つに自己実現や社会とのつながりがあることに気づく。

（2）　授業の様子

① 自分の1日と父母の1日の表を比べてみよう

　「自分の1日と父母の1日で一番長い時間を使っているのは？」という発問をしたら、子どもたちは「お父さんは仕事」とか「私は学校に行っている」と答える。そこで、あえて表にしてみると驚かされる。視覚的に仕事をしている時間の長さを捉えることができるからだ。「お父さん、1日の半分も仕事しているよ」「寝るのが次の日になっているよ」「僕は学校の時間より寝ている時間が長かったんだ」と実感的に気づく。

　また、会社勤めをしていないお母さんの1日は「弟の送り迎え」「宿題を見る」「食事の支度」「洗濯物を干す」など、細かく分けられる。だから、教師が「一番長いのは？」と発問すると「仕事が一番長い」とすぐにわかる父親とは異なり、「お母さんは寝る時間が一番長いよ」となってしまう。子どもが作ってきた表の中には「家事」とまとめてあるものもある。その表を作ってきた子どもは「私のお母さんは家事が一番長いよ」と発言

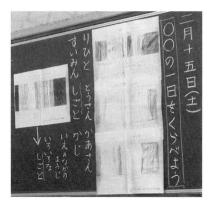

する。教師が「家事って何だろうね」と発問するが、1年生の子どもたちには少し難しい。そこで、国語辞典の出番である。国語辞典を引かせるとはっきりする。例えば小学館の国語辞典には <u>「家の中のいろいろな仕事。料理・掃除・育児など」</u>と書いてある。子どもたちは自分の作った表を見つめ直し、お母さんの1日で一番多いのは家事であることがわかる。そこで、最初の発問に戻る。「お父さんとお母さんの1日で一番長くしているのは?」と発問し直す。すると「お父さんは仕事。お母さんは家事」と言う。

　そこで、「何か気づかない?」と言うと「あっ。お父さんもお母さんも一番長いのは<u>仕事</u>だ」という。表と辞書によって、子どもたちは、父母がいかに長い時間、仕事をしているか捉えることができた。1年生でも国語辞典の引き方を教えてあげれば一人で十分学習に生かせるようになる。表はM、辞典はLの活用と位置づけられる。

② **お仕事の大変なところは何だろう**

　長い時間仕事をしているお父さんお母さんに、仕事の大変なところをインタビューしてきてそれを発表し合う。「休みがなかなかとれない」「夜遅くまで仕事をしなければならない」「休みの日も仕事をすることがある」「失敗できない」「信頼されなくてはならない」など仕事の大変なことを板書していく。そして「そんなに大変なのに、どうして仕事をしているのだろう?」と発問する。子どもたちは、すぐに「家族のため」「お金がないと困るから」「食べ物がないと生きていけないでしょ。食べ物を買うのにお金がないと困るから」という予想を立てる。子どもたちが自分の考えを持った後で、別の考えに触れさせる。多角的な思考をさせたいからである。

③ **父母の思いや願いの書かれた手紙**

　子どもたちには内緒で保護者の皆様にお仕事のやりがいや楽しさについてお手紙を書いていただいた。仕事のやりがいや楽しさに加えて、将来こうなってほしいという親の願いも加えてもらった。保護者の方が子どもたちのために精一杯書いてくださったお手紙には「感謝される喜び」や「お客さんが笑顔になってくれること」「がんばってやると自分が成長したと感じられること」など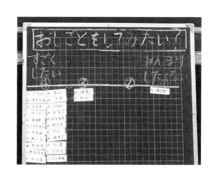が書かれていた。子どもたちは真剣に読んでいった。難しい言葉もあったかもしれないが、自分たちの予想とは少し異なってお仕事をすることは大変なことばかりではないことやお金や生活のためだけでもないことを知ることができた。また、こうなってほしいという願いを知ることもできた。すぐに行動したり、実践したりすることには結びつかないかもしれないが、黒板のような仕事をしたいという子どもが多くなった。「仕事をすることは偉い」という外からの価値だけでなく、自分の内面の中に仕事をしたいという気持ちが芽生えたらうれしいと思う。それが自立への後押しとなると考えている。

子ども料金を考える

梅澤真一

01　子どもの思いと活動の概要

　鉄道博物館に見学に行った。その際に、大人料金と子ども料金があることに気づいた。そこで、どんなものに子ども料金が設定されているのか、子ども料金は全て大人料金の半額なのかなど、子どもの気になる視点で「ねだんのひみつ」について探究する学習を始めた。

02　主なSTEMの活用

M…調査した内容をカードに記入し、子ども料金調べの資料を蓄積する。
T…蓄積したカードを一つの指標をもとに並べ替え、子ども料金と大人料金の関係を
　　考察する。
A…体験したことを絵日記で表す。

03　単元の構想（全10時間）

単　元	活動の概要	活用したSTEM
(1) 鉄道博物館に行こう （5時間）	・鉄道博物館に行き鉄道について学ぶ。 ・楽しかったことを絵日記に表す。	・絵日記を作成し、絵や文章で体験したことを表す。
(2) 経費について計算する （2時間）	・交通博物館見学で使ったお金を表にする。 ・経費をまとめて気づいたことを話し合う。	・表やグラフに表して「経費」を分析する。
(3) 子ども料金を調べる （2時間）	・子ども料金にはどんなものがあるのか調べ、カードにまとめる。	・インターネットを駆使し、料金を調べる。 ・調査結果をカードにまとめる。
(4) 子ども料金を考える （1時間）	・子ども料金の設定の価値や意味について考える。	・カードを並べて考察する。

04　単元（授業）の流れ

(1)　鉄道博物館に行こう（5時間扱い）

　公共交通機関を利用し鉄道博物館に行く。鉄道博物館で学んだ内容を画用紙にまとめた。また、かかった費用について記録した。

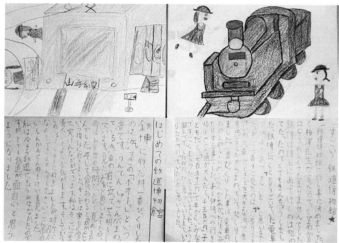

（2）　経費について計算する（2時間扱い）

　鉄道博物館で使った経費をまとめ、表にして示した。

運賃・入館料金	大人		子ども	
支払い方	IC	切符	IC	切符
茗荷谷〜池袋	168	170	84	90
池袋〜大宮	396	400	198	200
大宮〜鉄道博物館	189	190	94	100
鉄道博物館入館料	団体	個人	団体	個人
	1060	1330	490	620

　上記の表を見て、話し合った。子どもたちは、次のように語った。
・電車賃は大人料金の半額が子ども料金である。
・切符よりICカードが安い。
・子どもの入館料金は、大人の半額より安い。
・20人以上だと団体料金となり安くなる。
・子ども料金は大人の半額だと思ったけど、違う場合もあるようだ。子ども料金についてもっと調べてみたい。

（3）　子ども料金を調べる（2時間扱い）

　調べてきた子ども料金をカードにまとめた。生活体験の中から紹介する子もいれば、インターネットを活用して調べる子もいた。
・鉄道やバスなどは大人の半額が子ども運賃になっている。
・鉄道博物館や美術館、動物園などは、大人の半額より安くなっている。きっと、たくさん勉強してほしいと大人が願っているのだと思う。勉強に関することは安くなっている。
・ディズニーランドなどの遊園地は、大人の半額料金より高くなっている。子どもが

大人料金と子ども料金の比かく

名前	子ども	大人	その他 ひよう	大人料金と子ども料金のちがい
ひこうき(JAL) 大阪~東京	13800円	25200円		(11400円)
映画館 グランドシネマ(しなばサンシャイン)	(3~高校生) 1000円	1800円	大学生 1500円 シニアいっ 1200円	800円
Asobono	60分 450円	950円	子ども 30か、ごとに +450	時間による
しんかんせん (東京~大阪)	6930円	13870円		6940円
電話料金	500円	6500円		6000円
キッザニア	平日9:00~15:00 3950円	1950円	子どもがあそぶ	2000円
温泉の入浴料 (とりの湯)	平日 450	平日 950		500
スキーのレンタル・スキーのリフト券	リフト1日 3900円 レンタル1日 3800円	5600円 フルセット 5400円		1700 1600
美容院(南大塚)	2700円	4200円		1500円

楽しめるものは、大人の半額料金より高くなっている。

・指定席料金は子どもも大人も同じだ。

・キッザニアは、子ども料金が大人料金の倍もする。キッザニアは子どもが遊ぶところで、大人は待っているだけで遊べないから、大人料金が安くなっているのだと思う。

(4) 子ども料金を考える（1時間扱い）

子どもがまとめた子ども料金調べカードを黒板に貼り、子ども料金にはどんなものがあるのか、考えた。その際に、子ども料金が大人料金の半額より低いもの、半額のもの、半額より高いものに区別してカードを貼った。

子どもたちは次のように考えた。

「僕は授業で子ども料金について考え

た。今回の授業は少し難しかった。3回しか発表ができなかった。Ｍさんの意見が素晴らしいと思った。他の人の意見を聞いていると少しずつ少しずつわかってきた。家でもう一度考えてみると誰が使ったり遊んだりするのかで値段が違うことがわかった。授業中はなんとなくわかっていたけど、じっくり考えたらよくわかってうれしかった。わかったことを表にすると、次のようになります」

子ども料金の方が高い	子どもが遊ぶもの
大人と子ども同じ	ライブ　LCCの運賃
子ども料金が少し高い	見たり遊んだりするもの
子ども料金は大人の半額	乗り物の運賃
子ども料金が大人の半額より安い	家族で楽しめるもの
子ども料金が無料	学べるもの

「子ども料金が大人の半額より安い施設は子どもに来てもらいたいからかな。大人は働いて給料をかせいでいるけど子どもは働いていないので安くしていると思う」

「調べたら、乗り物が半額なのは日本だけで外国では無料のところがあるようです。日本はお得ではない国だと思いました」

「いつもお母さんがお金を払ってくれているので、子ども料金、大人料金はあまり気にしたことはありませんでした。だけど、今回の授業で調べてみたら、いろいろな種類の子ども料金があることがわかりました。キッザニアは子ども料金の方が大人料金より高いということを聞いて、僕

の考えになかったのでなるほどと思いました。そのほかにも、アソボーノやキドキドなど子どもだけで遊べる場所は子ども料金と大人料金との差が少ないのかなと思いました」

学級劇をつくろう

弥延浩史

01　子どもの思いと活動の概要

　2年生で初めての児童発表（劇）に取り組むことになった子どもたち。1年生のときに観た上級生の発表がどのようなものであったかを振り返り、「自分たちの手でどのように創ればよりよいものになるか」ということを考えた。せりふや表現の仕方など、子ども同士で相互評価しながら取り組んだ。5月に行われた「1年生を迎える子ども会」の後、6月の「学習公開・研究発表会」でも発表する機会を得たため、自分たちの表現をよりよくするため、さらに話し合いながら活動に取り組んだ。

02　主な STEM の活用

T…劇を撮影し、互いに演技を見合ってよりよいものにしていく。
M…言葉以外の演技（身ぶり手ぶり）を数え、適切な数を演技に取り入れる。

03　単元の構想（全 25 時間）

単　元	活動の概要	活用した STEM
(1) 児童発表を振り返ろう （3時間）	・1年間で参観した他学級の児童発表を振り返り、その内容について話し合う。	・児童発表を映像で振り返り、その内容について確認する。
(2) 学級劇を創ろう （12時間）	・劇の配役を決め、せりふや演技の練習をする。 ・練習を互いに見合うことを通して互いに評価し合い演技の質を高める。	・配役ごと、場面ごとにグループを組んで演技をし、撮影したものを確認しながら演技を見直す。
(3) 学級劇をよりよくしよう （10時間）	・1回目の学級劇の映像をもとに、2回目の発表に向けてせりふや演技を見直しよりよいものにしていく。	・撮影した学級劇を見て、自分たちの演技の改善に役立てる。

※ (3) の活動の後に、次年度の学級劇をつくっていくための取り組みも計画したが、新型コロナウイルスによる臨時休校や、児童発表の中止や延期などにより、実現することができなかった。

04　単元（授業）の流れ

(1)　児童発表を振り返ろう（3時間扱い）

　これまで自分たちがどのような児童発表を観てきたかというところを確認した。1年生のときに観た様々な児童発表には学級劇が多いことがわかった。また、児童発表を映像で振り返り、どのようなことが印象に残っているかについて感想を出し合った。

> 【全員で力を合わせて取り組んでいるところがすごい】
> ・役になりきって演じている。高学年では照明などの操作も自分たちで行っている。
> ・ピアノ伴奏があるなど、クラスの人たちのよさ（長所）がよく出ている。
> ・一生懸命さが見ていて伝わってくる発表だった。
> 【学級のよさが出た児童発表になっているところがすごい】
> ・笑える話、感動する話など、いろいろな内容があった。
> ・歌や演奏が入った発表もあり、劇だけではなく組み合わせて行うこともできる。

　1年間、様々な児童発表を見ることを通して、児童発表に対してどのように他の学級が取り組んでいるのかということを、子どもたちなりに捉えているということがわかった。

　そこで、「実際に自分たちでどのようなものを演じたいか」を話し合うこととした。担任の専科が国語ということもあり、子どもたちは「国語の学び」につながる発表をしたいと考えた。自分たちが、音読やスピーチなどを通して表現することを楽しんできたことを踏まえ、「自分たちのいいところを発表したいな」という声が上がった。ここに、子どもたちの「自分たちの手でやり遂げたい」という思いが芽生えていることがわかる。この思いを大切にすることで、価値ある児童発表になると考えた。話し合いを通して、自分たちのよさが最も発揮できるのは学級劇を行うことであるということを確認し、学級劇の内容について話し合いを行った。これまで劇を扱った学級の児童発表の写真や映像を確認しながら、自分たちの発表をどのように創っていくか話し合っていった。

　前頁の表に示したように、低学年という発達段階であっても、「どのように演技をすればよりよいものになるか」ということが感覚的に捉えられていることがわかる。

　しかし、ここで「劇の台本を自分たちで全て書くことは

> 【他学級の児童発表の様子から確認したこと】
> ①「1年生を迎える子ども会」に発表するから、学校生活を楽しんでもらえるような内容がいい。【台本】
> ②せりふの速さ。何を話しているか伝えるためには、ゆっくりの方が聞き取りやすい。【せりふ①】
> ③せりふを言うときの向きがいつもの話し合いと違う。斜めや正面を向いて言っている人が多い。【せりふ②】
> ④その役になりきるような声の出し方をしている。恥ずかしがらず役になりきることが大切。【演じ方①】
> ⑤大げさにやる。振り付けをつける方が、見ている人に伝わる。【演じ方②】

できないだろう」という声が上がった。そこで、「基本的な流れは先生がつくるけれど、みんなは演技の仕方や言葉以外の動きとかを考えていこう」と伝えた。

(2) 学級劇をつくろう（12時間扱い）

　これまで、学級で行う総合活動において最も重視してきたことは、「子どもの思い×教師の願い」である。もう少しかみ砕いて述べると、子どもたちがそれぞれに抱いている「こういうことに取り組みたい」という気持ちに寄り添っていくことが重要である。しかし、それが教育的な活動になり得るものであるかの判断が必要になると私は考える。よって、「個として、学級集団としてこのような方向に育ってほしい」という教師の願いも、必要になってくる。ここで、学級劇の内容について説明したい。

学級劇「できること見つけたよ」
第一幕「教室にて」
　先生が、参観日の授業で「学校に入学してからできるようになったことを発表してもらう」という話をし、喜ぶ子どもたち。「しょうた」と「さくら」は、気が乗らない様子。
第二幕「帰り道」
　それぞれが「できるようになったこと」を練習している（※）様子を見る「しょうた」と「さくら」。それを見て、自分たちには長所がないのではないかと落ち込む。もやもやする気持ちを振り払うように競走する2人。しかし転んでしまう。
第三幕「妖精の国」
・転んだ衝撃で不思議な世界に迷い込んだ2人。そこに妖精たちが現れる。2人は妖精たちと打ち解け自分たちの悩みを話す。しかし、妖精たちも魔法学校では魔法がうまく使えず馬鹿にされていることを聞かされる。そこに現れる同じ魔法学校の妖精たち。その妖精たちに馬鹿にされて魔法対決をすることになる。最初は失敗ばかりだった魔法が、「しょうた」と「さくら」のアイデアでうまくいく。そして、一緒に遊ぶことになるが、遊びの最中に2人はまた転んでしまう。
第四幕
・現実の世界に戻ってきた2人。お互いのアイデアで妖精を助けたことを確認し、それぞれのよいところ（できるところ）を話し合い、互いのもっているよさに気づく。2人は夢だったかと思うが、妖精の羽根がランドセルに付いていることに気づき、妖精に聞こえるように空へ向かってお礼の言葉を叫んで手を振る。

　（※）のところに、ボール運動やなわとび、歌というように、もともと演じる子どもたち自身が得意としていたり、休み時間に熱心に取り組んでいたりしているものを取り入れた。それは、「学校の先輩として、1年でこういうことができるようになったのだということを1年生に伝えたい」という思いから生まれている。また、「子どもたちがグループで相談しながら進めることで、他者との協調性や思いやりの心を育みたい」という教師の願いもここには含まれている。実際に、互いの演技について相手の気持ちを考えながらアドバイスをし合って進めていく姿が見られた。

①「同じ配役の友達同士」「同じ幕に出る友達同士」というようにグループを組み、自分たちの練習を見合うようにする（撮った映像をもとに自分たちの動きを確認する）。【STEMのT】
②これまで児童発表で言葉以外の動きがどのくらいあるかを数え、自分たちのせりふにも加える（身ぶり手ぶり、オーバーなアクション）。【STEMのM】

　特に、この2点は子どもたちの「自分たちの力で学級劇をつくるのだ」という大きな推進力になった。「1年生を迎える子ども会」の当日。児童発表で子どもたちは大きな拍手をもらった。特に1年生のときに専科で授業を担当していた先生方から、直接「すてきな発表だった」とたくさんの声をかけてもらった子どもたちは、自分たちの表現に対して大いに自信をもった。

　ここで、本来の児童発表は終わる予定であったが、「ぜひ、6月の研究会でも2部2年の児童発表を全国の先生方に見せてほしい」という依頼があった。子どもたちは、また劇を演じられることに大喜びであった。

講堂で児童発表する子どもたち

(3) 学級劇をよりよくしよう（10時間扱い）

　しかし、ここで問題が生まれた。これまでの台本には、「入学した1年生に向けてのせりふ」があった。それを、「全国から来校された先生方に合わせて修正する」という必要が生まれたのである。子どもたちは、自分たちのせりふのどこを直す必要があるのかを考え、せりふや演技を修正していった。

　最終的に、6月の「学習公開・研究発表会」に向けて、劇をバージョンアップさせた子どもたちは、全国から本校を訪れた1000名を超す参会者の前で劇を披露することを通して、たくさんの温かい拍手をもらったこともあり、大いに自分たちの表現に対して自信をもつことができた。

　「来年も児童発表がある。今度は台本も考えてみたい」「今度も劇と2部のよさを組み合わせるものにしたいね」という声が、子どもたちから上がった。その後のコロナ禍により、その希望は叶わぬまま終わってしまったが…。「子どもの思い×教師の願い」からスタートした学級劇。映像を確認してペアやグループで演技をよりよくしようと取り組んだり、自分たちのせりふや演技をよりよく練り直したり、自分たちの力で劇をつくりあげる経験を一端ではあるがすることができた。表現することの楽しさを味わった子どもたち。今後の学校生活にもつなげていきたい。

野菜づくり名人への道は続く

辻　　健

01　子どもの思いと活動の概要

　1年生のときに、2年生からもらったアサガオの種を育て、次の1年生に渡すという活動を行った子どもたち。栽培を行いながら気づいた葉の色や形の面白さを知らせようと「葉っぱ博物館」を開館。全学級にポスターを渡し、博物館への招待を行ったところ、300名を超える人が来館した。子どもたちは、活動に自信をもち2年生へ進級した。進級し栽培するのは、夏野菜。6つの野菜から、自分の育てたい「こだわり野菜」を決めた。「さあ、野菜を育てるぞ！」意気込んで植木鉢に野菜を植えた子どもたち。でも、野菜をどこに置いたらいいのだろうか。水はいつあげたらいいのかな。肥料はどうしよう。出てくるのは疑問ばかり。1年生でのアサガオの栽培経験をもとにしながら、手探りの活動が始まった。

02　主なSTEMの活用

S…どこで野菜を育てるとよいのかについて、観察を行い変化を捉えながら考える。
T…これまでの活動から、野菜を育てるためのコツをプレゼンテーションにまとめ、
　　全校へ発表。次の野菜づくりへの思いを新たにする。

03　単元の構想（全20時間＋課外活動）

単　元	活動の概要	活用したSTEM
(1) 野菜を育てるにはどんな準備が必要？ （4時間）	・好きな野菜を決める。 ・野菜ごとに野菜栽培チームをつくる。 ・どんな準備が必要かを調べる。	・どんな野菜がいくつ要るか、グラフにしてみよう。
(2) 野菜を育てよう （12時間＋課外）	・よく育つ場所はどこかを探す。 ・観察を続け成長の様子を捉える。 ・野菜名人を目指し話し合いを行う。	・観察記録をしっかりと取りながら、比較を通して変化を捉える。
(3) 野菜の収穫を祝おう。野菜を育てるコツを発表しよう。 （4時間）	・野菜の成長を祝い、それぞれのグループから野菜づくりのコツを聞く。 ・全校へ向けて発表を行い、次の冬からの春野菜づくりへ意欲を高める。	・プレゼンテーションソフトを使用しながら、それぞれのグループがまとめたことを発表する。

04 単元（授業）の流れ

（1） こだわり野菜を育てる

　自分の決めたこだわり野菜を自分が考えた育て方で育てる。

　まず問題になったのは、日当たり。他のクラスは全員、日当たりの良い場所を選んだが、他のクラスの様子を見ても子どもたちは、暑すぎても良くないだろうといって、プランターを日陰に置こうとしたり、日なたになったり日陰になったりする場所を選んだりしていた。

図1　野菜の置き場所を決める子どもたち

（2） どこに置いたらよく育つ？

　しばらく育てていると、子どもたちは、他のクラスの野菜との間に成長の差が出ていることに気づいた。茎の太さ、葉の大きさなどいたる所に大きな違いが出ていた。子どもたちはすぐに「野菜づくり会議」を開き、野菜の大きさと日当たりの関係について、考えることにした。

　1日の間で、日なたや日陰になる場所がどのように変わっているのだろうか。

図2　日なたと日陰の一日の変化（連続写真）

　カメラを使って連続写真を撮り、それをもとに調べたらどうかという子どもの声から学級で調べたところ、校舎の影が時間ごとに動いているのがわかった（図2）。大きく育った他のクラスの野菜は、ずっと日なたになる場所に置いてある。暑すぎたらいけないと思っていたけれど、そんなことはないかもしれない。多くの子どもたちが日なたに野菜を置き換えると、エダマメを育てていた子どもたちは、次にマルカメムシに悩まされ始めた。そのままにしてよいのか、それとも取り除くべきか。マルカメムシをそのままにしたらどうなるか調べている子どももいた。肥料をどうするかについても、意見は分かれた。資料で調べると肥料はあった方がよいと書いてあるけれど、どんなものがよいのか、肥料をあげ過ぎて、野菜が弱ってしまうこともあるかもしれない。野菜を育てるための探究は続く。育てながら調べ、調べたことをもとに、育て方を改善するという流れで栽培は進んだ。

（3） 誰かが困れば、すぐ会議

　困ったら、声を上げる。するとそこに子どもたちは集まり、すぐに会議が開かれる。エダマメやナス、ミニトマトなど、同じ野菜を育てているメンバーではなくとも、いくつもの意見が出てくる。自分の野菜ではなくても、困っている友達に対して真剣に話をしていた。そうやって話をする中で解決策が出ることもあった。また、後日、資料を使って調べたものを持ち寄ることもあった。

図3　マルカメムシをどうするか会議

（4） 振り返って考えるべきだ

　夏野菜づくりでは、たくさんの失敗をして、そこから、自分たちで解を探すために様々な活動を行った。ここで得たことをもとに、次はもっとうまく野菜を育てたい。それには、振り返ることが必要だ。野菜名人と聞いて子ど

図4　農園でのインタビュー（動画より）

もたちが一番に思い出した、保谷農園のおじさんに、肥料のことを聞くために、インタビューを行うなど、これまでの活動で足りていないと感じていたことをしっかり補い、夏野菜の栽培を振り返った。

　夏野菜で学習したことの振り返りを全校向けの発表の場である「つくばっ子の追究」で披露。6つの夏野菜を育てる中で、うまくいったことよりも、うまくいかなかったことを中心に発表した。印象的だったのは、プレゼンテーションの最後のスライドに「つづく」と記されていたことである。子どもたちは、夏野菜づくりで得た経験を次の野菜づくりに生かそうとしていた。

05　さらなる探究へ

　子どもたちの宣言通り、野菜づくりは、キャベツの栽培へ。夏野菜で培ったノウハウを生かして、最高のキャベツを作ろうと、種から育てたキャベツ。どこに畑をつくろうか…今度はプランターではないので移動ができない。畑に良さそうな場所をみんなで探す。今回は日当たりをしっかりと調べた。近くにたくさん

図5　キャベツ畑の場所探し

のヒヨドリがいることは心配ではあったが、ヒヨドリがキャベツを食べるのかどうかは、まだわからないので、これから調べることにして、クラスの畑の場所は決まった。

畑への植え替えの直前、感染症対策により休校措置となった。子どもはとても残念がった。しかし、子どもたちはあきらめなかった。テレビ会議システムを使っての「3部かいぎ」を開くことに…。

図6　子供たちの育てたキャベツ苗

最初の話題はヒヨドリについて。調べたところ、ヒヨドリは春先にキャベツを食べるということがわかった。ヒヨドリからキャベツを守らなくてはならない。一人の子どもが、ヒヨドリ避けのフクロウの模型を作り、動画で動きを見合った。

次は、キャベツに産み付けられたモンシロチョウの卵について。ここでは子どもたちの意見が分かれた。食べられるのは嫌だけど、モンシロチョウも育ててみたい。そこで、子どもたちのリクエストから、アンケートを作成し投票を行った。

図7　葉に着いた卵

アンケートでは意外にもモンシロチョウを育てるという意見が多かった。そこで、キャベツを育てながら、モンシロチョウを育てるための方法を考えることになった。実際に登校できるようになった

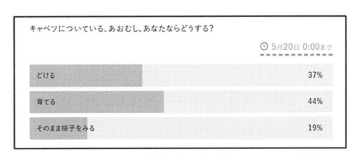

図8　アンケートの結果（「まなびポケット」を使用）

のが、6月の初旬となったため、その間の畑の様子は、テレビ会議で伝えることとなった。

間引きした際に持ち帰ったキャベツを家で植えて育てている子どもたちから、キャベツの成長の様子やモンシロチョウの大きくなる様子も伝えられた。2年生の頃に畑で行われていた「野菜づくり会議」は、3年生となり、オンラインで行われることとなったが、場所や手段は変わっても、野菜を上手に育てたいという思いとみんなで答えを導き出そうという思いが相まって、深い探究が生まれていることを本実践から感じた。

学校を楽しくする会社活動

笠　雷太

01　子どもの思いと活動の概要

　コロナ禍の中で入学をした子どもたち。式典、行事が取りやめになる中で「学校は自分たちで楽しくするところだ」という学校長のメッセージから本活動は始まった。「入ったばかりの学校を楽しくするために何ができるか」を考え能動的に動くことは、「共に幸せになる」という本校が現在取り組む「『美意識』を育てる」研究の目標ともつながるものである。

　本活動は一つの「結果」へ帰着するカリキュラムではない。「学校を楽しくするために何ができるのか？」という大きな問いの中で、低学年の子どもとしての「＋＝思い・想い」をもち、成功と失敗を味わいながら紆余曲折し、「＋」を転がるように展開させていくことに学びの価値を置いたものである。そのため単発の単元設定ではなく、1年生の後半を第1期、2年生の夏季休業前までを第2期、9月以降を第3期とした長期的、常時的プロジェクトとして計画した。こうした長期的なプロジェクトを「下支えする創造的姿勢や創造的技能」を、主に図画工作科と連動させ指導した。それは例えば「自分を取り巻く環境や世界に能動的に働きかける」「よりよいものを目指しつくり、つくりかえる」「自信をもって自分らしく表現する」態度や姿勢であり（A）、また「クラフト的な技術や方法および創造的表現ツールとしてICTを活用する」（T）といった能力である。

02　主なSTEMの活用

A…・低学年として扱いやすい種々の「紙素材」を「切る」「貼る」「つなぐ」「形づくる」などして、それぞれの会社活動の実現のために造形的活用を行う。
　　・自分を取り巻く環境や世界に能動的に働きかける。
　　・よりよいものを目指し、つくりかえる。
　　・自信をもって自分らしく表現する。
T…・iPadを用いたコマドリアニメーションやムービー編集、音楽録音と編集などの映像・メディア表現で、それぞれの会社活動の目的に沿ったプレゼンテーションや作品を作成する。また、第3期では、1人1台の端末が導入されたため、インターネットを使用して会社活動に関わる内容を調べることに活用する。

03 単元の構想（10時間×3期（ターム）、計30時間）

※以下は各期（ターム）ごとに教師が意図した基本構成と時間設定であり、各会社の活動の展開や子どもの思いに即して柔軟に変更、修正することを前提としている。またCOVID-19の影響により密なグループ活動や他クラスへの積極的な展開はできなかった。

単　元	活動の概要	活用したSTEM
「学校を楽しくする会社」にはどのようなものが考えられるだろう	「学校を楽しくする会社」にはどのようなものが考えられるか？皆で出し話し合う。	「＋」の醸成
今、自分がやってみたい会社を決めよう	自分がやってみたい会社を選び、どうやったら「学校が楽しくなるか」具体的に計画する。	「＋」の醸成 M…見通しをもつ力
振り返りをしながら会社活動を展開しよう	自分たちの思いをもとに活動をする。途中、振り返りをしながら自分たちの思いや計画を修正し展開していく。適宜、会社での販売（無償プレゼント）活動や発表、ライブ活動などの表現の場を自分たちで設定する。	A…「自分を取り巻く環境や世界に能動的に働きかける」「よりよいものを目指す」「自信をもって自分らしく表現する」 T…iPadを用いたものづくり
学校を楽しくする会社発表会をしよう	「学校を楽しくする会社まつり」などをゴールとし、クラスの仲間と楽しみながら自分たちの活動をまとめる。	

04 単元（授業）の流れ

（1）図画工作科カリキュラムとの関連づけ

　STEM⁺総合活動では、「子ども一人一人の思い」が学習の核になる。その思いの実現のために技術や方法を活用していく。その技術や方法は「各教科等であらかじめ身に付けたものを活用していく」場合と、「STEM⁺の活動の中で新たに身に付けて活用していく」場合とがある。そのどちらもが大切である。

　「学校を楽しくする会社」活動の展開にあたり、図画工作科において「段ボールカッター」と「iPadのストップモーションアニメーション」を使えるように事前に学習するカリキュラム構成とした。まず1年生の7月に段ボールカッターの使い方と活用についての学習をした（図1）。段ボール素材は、毎日の給食の梱包材にも使われており比較的確保しやすい。適度な強度があり自分たちの思いをダイナミックに展開する際にも非常に使いやすい素材である。1年生には少々手応えがある素材だ

図1

図2

が、安全指導を行えば教室でも十分に使うことができる。また、iPad のストップモーションアニメーションは 2 年生の 4 月に学習した。会社活動の第 2 期から子どもたちは活用を始めた。映像はもちろん、自分たちのナレーションを入れたり、音楽をつけたりすることも簡単に行える。この 2 つのツールは、低学年のものづくりや自己表現、伝達のためのテクノロジーとして汎用性が高く有効であると考えたのだ。

(2) 「学校を楽しくする会社」にはどのようなものが考えられるか

コロナ禍の中、全校に向けた学校長からのメッセージ「学校は楽しいところではなく『楽しくするところ』だ」を受け、「学校を楽しくする会社活動」を教師から提案した。低学年には難しい提案であるようにも思えたが、子どもたちの等身大の感じ方、考え方を大切に話し合うことにした。最終的に整理されたものは各期、図 3 の通りであった。3 期は本稿執筆時（2021/11）継続中である。

1期
・新聞会社・音楽会社（楽器演奏）・工作会社・クイズ会社・プレゼント会社・紙芝居会社
2期
・新聞会社・音楽会社（楽器演奏と撮影）・本会社・クイズ会社・ゲーム会社・ダンボール家具会社・劇会社
3期
・新聞会社・音楽会社（楽器演奏と撮影）・本会社・出版会社・アニメーション会社・ゲーム会社・未来宇宙研究所・劇会社・ウイルス研究会社・植物会社

図 3

1 期と 2 期は必ず複数名のグループ、3 期は 1 人の会社も OK とした。これは「関わり」から「こだわりの追求」へ学びの可能性を広げたいと考えたからである。自分が活動する会社を決め、まず会社の目的と主な活動内容についてそれぞれ話し合いワークシートに書かせた。

(3) 実際の活動展開と「＋」の変容に対する教師の役割

1 期から 3 期へと活動を展開する中で「学校を楽しくする会社」についての子どもの思いが変容していった。「次はこんな会社やってみたいな！」という思い、想像力によって新しい会社が創り出された。また、一度は始めた会社が、途中で目的や相手意識が変容し、別の会社になった場面も少なくない。

このような「答えのない活動を子どもが創り出していく学び」では、その思いや想い、つまり「＋」の変容と活動の過程に、とことん付き合っていくことが必要となる。「付き合う」と聞くと大変そうな印象があるかもしれないが、それは実はとても楽しいものである。具体的な子どもの活動事例は以下の通りであった。

① 事例 1「新聞を全校生に読んでもらいたい！」

1 期から 2 期ともに「新聞会社」を行った子どもが複数人いる。この子どもたち

は、まずクラスのみんなに読んでもらうために新聞を書き始めた。ところが、クラスの仲間に喜ばれる体験をすることで少しずつ思いが広がり「他学年のお兄さんお姉さんにも読んでもらいたい」と願うようになった。そして教師に「段ボールを使いたい」と申し出た。2人の社員で試行錯誤しながら「移動式新聞図書（館）」を作ることができた。それを休み時間に校庭や中庭、体育館に運んで設置し、誰が新聞を持っていってくれるかを「陰に隠れて観察する」という活動へと展開した。

② 事例2「宇宙についてみんなに知らせたい！」

第3期は、それまでの会社活動から、「研究チーム」の色合いが濃くなっていった。その一つに「未来宇宙研究所」というものを始めた2名の子どもがいた。それまでの自分たちの興味・関心をさらに広げていくために図鑑やインターネットを使って宇宙についての調査を開始。そこで得た知識や情報を、iPadによる「コマドリアニメーション」の技術を活用して「解説アニメーション」を作成し始めた（図4）。これを給食の時間に上映したいと申し出てきたのだ。結果、この表現方法は他の会社にも影響を与え広がっていくことになった。現在、我がクラスの給食の時間は、各会社の映像メディアのプレゼンテーションの時間にもなっている。

図4 スペースシャトルの発射と着陸について

③ 事例3「段ボールで家具を作ってみんなを喜ばせたい！」

「段ボールで家具をつくる」とアイデアから始まったこの会社のメンバーは4人。はじめは自分たちでつくった家具を友達にプレゼントしていたが、ある時から「受注生産」を行うようになった。友達だけでなく、お世話になっている先生方からも受注するようになった。ある先生からは「スーツケース」の受注を取りつけた。電車好きの先生のために電車のイラストで飾り付け、タイヤの仕組みを試行錯誤しながらつくり上げることができた（図5）。

「ものづくり」という点で重なるが、明確な他者意識、互恵的な想いとテクノロジーが結びつく点に図画工作科とSTEM⁺の違いを明確に感じた事例であった。

図5

手話つき合唱動画を
撮影して応募しよう

笠原壮史

01 実践の概要と発展への見通し〜学級の軸となる活動として〜

　本実践は、「NHKが募集している、パラスポーツを応援する手話つき合唱動画を撮影し応募する」という取り組みである。私は、「手話つき合唱」への取り組みが、子どもたちのパラスポーツや手話への関心を高めるきっかけになると考えた。そして、「手話つき合唱」を学級の軸となる活動として継続させていくことで、障がいや差別についての学びへと発展していくことを期待している。

　本稿では、活動に取り組み始めてからできあがった動画を投稿するところまでを紹介する。はじまりは「教師からの提案」ではあるが、NHKの選考に通ればテレビで放映される可能性もあるため、子どものモチベーションも自然と高まった。

02 「追求し続ける課題」と「解決すべき問題」

　テレビで放映されるかもしれない手話つき合唱を撮影するとなると、2年生という発達段階であっても「覚えたらできあがり」ではなく、自然とよりよい表現を目指すようになる。必然的に、**よりよい手話つき合唱をつくろう**というのが、子どもが追求し続ける課題となる。しかし、「よりよい表現の追求」を課題とした場合、そこには絶対的な「解決」が存在しない。したがって子どもは、常にその時点での最適解を求め続けることになる。

　一方「解決すべき問題」とは、歌の歌詞や手話の動きを正確に覚えることや、歌うときの並び方を決めることといった、小さな問題ではあるが**撮影までに必ず解決しなくてはならない問題**のことである。また、NHKから提示された2年生にとっては難易度の高い曲に取り組むことや、コロナ禍での歌唱活動であることへの配慮など、今回の取り組みならではの問題も多くあった。

> **【解決すべき問題と解決に必要なこと】**
> ○2年生にとって難易度の高い楽曲であること
> 　→歌唱技能の向上が必要
> ○応募動画は、イヤホンをした状態で歌ったものでなくてはならないこと
> 　→自分に聴こえてくる声の違和感と耳元の不安定さを解消することが必要
> ○密を避ける観点から、少人数で合唱すること（今回は8人一組）
> 　→歌うことへの自信が必要
> ○手話や声をそろえること
> ○応募締め切りがあること　　　　　　など

03 　主な STEM の活用

T…・PC やタブレット等でお手本動画を視聴しながら歌と手話を覚える。

　　※募集要項の規定により、「お手本動画に合わせて歌う」必要があった。

　　・自分たちの「手話つき合唱」を撮影し、それを見返して分析する。

　　・自分たちの表現についての振り返りを「まなびポケット」上で共有する。

A…・分析をもとに、よりよい表現を追求する。

04 　単元の構想（全 19 時間＋課外活動）

単　元	活動の概要	活用した STEM
(1) 1年生を迎える子ども会で発表しよう （6時間＋課外）	・NHK から提示されたお手本動画をもとに歌と手話を覚える。 ・1年生を迎える子ども会で発表する	T…PC やタブレット等でお手本動画を視聴しながら歌と手話を覚える。
(2) 応募用動画を撮影しよう （10時間＋課外）	・少人数でイヤホンを付けた状態での合唱練習に取り組む。 ・応募用の動画を撮影する。 ・自分たちの VTR を視聴し、改善点を見いだす。	T…撮影した応募用動画を視聴し、改善点を共有する。 A…よりよい表現を追求する。
(3) 応募用動画を撮り直そう （3時間＋課外）	・表現の改善を図る。 ・再度応募用の動画を撮影する。 ・NHK の応募サイトに動画を投稿する。	T…練習の様子を撮影し、視聴・分析・共有を繰り返す。 A…よりよい表現を追求する。

05 　単元（授業）の流れ

(1) 　1年生を迎える子ども会で発表しよう（6時間扱い）

　私たちの学級では、1年生のときから「今月の歌」の取り組みを続けている。月ごとに歌を決めて朝の会で歌うという、おなじみの取り組みである。私は、東京オリンピック・パラリンピックの開催に絡めて、NHK の示している歌を「5月の歌」として子どもたちに紹介した。NHK のサイトにある「お手本動画」を見せたところ、子どもたちは自然と手話も真似し始めた。

　動画に合わせて手話をしながら歌うことに慣れてきたところで、「NHK が、この歌の手話つき合唱動画を募集しているのですが、みんなで撮影して送ってみませんか？選ばれるとテレビで流れるらしいですよ」と投げかけた。「送ろう！」という子どもと「この歌難しいから、テレビで流れるのはちょっと…」という子どもとに分かれた。

　相談の結果、まずは2週間後に予定されている1年生を迎える子ども会に向けて練習して、その間に「できそうだと思えたら撮影する」ということにした。

　発表に向けて練習するにあたり、子どもたちが最初に意識した解決すべき問題は、

1年生を迎える子ども会での発表の様子

「うろ覚えの歌詞と手話を正確にすること」であった。さらに、ステージ練習のVTRを視聴することを通して、みんなの手話が左右バラバラになっていることに気づいた。するとある子どもが、おうちの人に頼んで「左右を反転させたお手本動画」を作成してきた。「みんなの手話をそろえるためには、左右を反転させた動画が有効ではないか」という考え方は、STEM的見方・考え方の一つといえるだろう。

　本番を終えた子どもたちは、1年生や先生たちからたくさんの拍手をもらえたことで、大きな自信を得ることができた。発表後の振り返りでは、32人中30人が「うまくいった」という肯定的な記述をした。そして、NHKに動画を送ることを決めた。

(2) 応募用動画を撮影しよう（10時間扱い）

　応募用の動画を撮影するにあたり、募集要項に規定されている内容と、コロナ禍での歌唱活動であることへの配慮事項を次のように説明した。

> ・応募用動画は、イヤホンをした状態で、お手本動画を観ながらそれに合わせて歌わなくてはならない
> ・第一次受付の締め切りは6月中旬である（※最終受付は6月30日）
> ・密を避けるために8人一組で4回に分けて撮影し、あとで一つにまとめる形にする
> ・4つのグループの声の大きさが同じくらいになるように、先生がグループ分けをする

　このような条件のもと、朝の会の「今月の歌」のときはイヤホンをせずに歌い、総合の時間にイヤホンをつけてグループごとに歌うようにして練習を進めた。

　8人での表現となり、子どもたちがまず意識したのは「手話をそろえること」であった。全員での表現のときとは違い、そろっているかいないかに気づけるようになったのである。次に問題となったのは、イヤホンの不安定さである。うまく耳にフィットせず、手話の動きを大きくするとどうしても外れてしまう。子どもたちは、歌うときの隣との距離を調整したり、コードが絡まないようにしたりするなど、8人の並び方について試行錯誤していた。いろいろと試してみた結果、8人が横一列に並んで撮影することとなった。

　第一次受付の締め切りが迫ってきたある日、いよいよ応募用の動画を撮影する日となった。何人かの子どもは、写真のようにま

イヤホンを気にしている様子

> 【よりよい表現にするための改善策】
> ・並び方を2列にする
> ・イヤホンが外れても歌い続ける
> ・もっと手話をそろえる
> ・全体的にもっと口を動かす

だ耳元の不安定感を解消できていなかった。同じ状況でのリハーサルを何度かした上での撮影であったにもかかわらず、どのグループからも**「もう一回やりたい」**という声がこぼれた。翌日、動画を観ながら振り返りの時間をとった。すると、32人中20人が「うまくいっていない」「もっとできるはずだ」といった記述をした。

この振り返りで、子どもたちは前ページのような改善策を見いだし、最終受付までに撮影し直すことに決めた。

(3)　応募用動画を撮り直そう（3時間扱い）

見いだした改善策をもとに、子どもたちは1週間練習に励んだ。練習の様子を動画撮影して自分たちの表現を確かめたり、グループ同士で見合ったりしていた。まさに、**よりよい表現を追求している姿**であった。

実際に投稿した動画の一場面

本番のときには、足元のコードを整理したり並ぶ位置を確認したりするなど、1回目よりもしっかりと準備している様子が見られた。そして、歌い終わった瞬間、どの子もすごくホッとしたような笑顔を見せていた。

上の2枚の写真は、動画を投稿する瞬間の様子である。スクリーンにへばりつく子や「選ばれてほしい！」と祈っている子など、自分たちの取り組みに対して思い入れをもっていることが見て取れる。そしてこの動画は、8月に地上波で放映され、子どもたちは大きな達成感を得ることができた。また、夏休み明けに尋ねたところ、「パラリンピックをたくさん見た」という子どもが非常に多かったことも付け加えておく。

キレキレのダンスを踊ろう！

山下真一

01　子どもの思いと活動の概要

「キレのあるダンスを踊りたい！」。3年生の子どももその思いは大人と同じである。子どもが本来もっている思い切り体を動かしたい、友達と一緒になって感動を味わいたい、という思いをもとにクラス全員でダンスに取り組んだ。子どもたちは、踊り方が上手になってくると、「かっこよく踊りたい」「キレのあるダンスを踊りたい！」という新たな思いが生まれてきた。そこで、ビデオやタブレット（PC）を活用して踊りのリズムや動きを分析したり、友達とできばえを確かめたりしながら、キレキレのダンスに挑戦することにした。

02　主な STEM の活用

T … ・タブレットを使い、キレのある踊りのリズムや踊りを分析する。
　　　・動画のスロー再生、反転再生などの機能を活用して正しく踊れるようにする。
　　　・自分たちのダンスを見直し、ダンスの分析や改善を行う。

03　単元の構想（全 23 時間＋課外活動）

単　元	活動の概要	活用した STEM
(1) 本物から学ぼう！ （5時間＋課外）	・本物のダンス（ビデオ）を見て、踊り方を覚える。 ・友達同士で踊り方を確認する。	・ビデオを視聴し、一つ一つの動きを確認する。
(2) キレキレのダンスはどうやって踊るの？ （8時間）	・ビデオや YouTube などの画像を視聴して、どうするとキレキレのダンスを踊ることができるのかを分析して整理する。	・ビデオを視聴し、リズムや動きについて分析する。 ・一つ一つの動作をイラストに描いて確かめていく。
(3) ダンスをみんなで楽しもう！（10時間）	・クラス全員でダンスを発表する。学習発表会、学校行事など	・自分たちのダンスをタブレットなどで撮影し、全体の動きを確かめ、改善に努める。

04 単元（授業）の流れ

（1） 本物から学ぼう！（5時間扱い）

まず、どんなダンスを踊るのか、本物のダンス（ビデオ）を見ることにした。この活動で挑戦するダンスは、「3年A組朝礼体操」である。このダンスは、当時大人気ドラマ「3年A組〜今から皆さんは、人質です〜（日本テレビ系日曜ドラマ）」の中で話題となったダンスである。このダンスは、キャストによる振り付けのレッスン動画が公開されていたので、子どもたちは、タブレットを活用して容易にダンスの練習に取り組むことができた。

また、日本テレビのアナウンサーやガチャピンとムックが踊る動画が配信されるなど、大きな話題になったことでも記憶に新しい。

ビデオを見終えた子どもたちから「かっこいい！」「自分も踊ってみたい！」という声が上がった。みんなやる気満々だった。3年生にとっては多少難しい踊り（今の子どもたちは大人が思う以上に器用で、ダンスを覚えるのが速い）であるが、このキレのあるこのダンスにほと

んどの子どもが魅了され、踊ってみたいという気持ちが高まってきた。そこで、ビデオを見ながら一つ一つの動きをみんなで確認しながら練習を始めていった。

　活動名にあるように、キレキレのダンスに挑戦するからと言って、プロのダンサーが踊るようなダンスを目指すわけではない。子どもがやってみたい、できそうだという子どもの目線から何を踊るかを決めていくことが大事である。また、誰もがテレビなどでよく知っているダンスや、話題になっているダンスを選ぶと効果的である。他の人から「すごいね！」「あのダンスは知っているよ！」という賞賛の声をたくさん聞くと、子どもたちはその気になり、実力以上の力を発揮していく。これから長い時間関わっていくダンスであるから、次の点はしっかり押さえておきたい。

> 【キレキレなダンスを選ぶポイント】
>   1. 子どもの関心が高いダンス、今世間で話題になっているダンス
>   2. ある程度テンポがあり、誰もが乗りやすい曲
>   3. 少し難しさがあるダンス（練習を重ねるとできるようになるダンス）

(2) キレキレのダンスはどうやって躍るの？（8時間扱い）

　子どもたちがある程度上手に踊れるようになってきたところで「キレのあるダンスは、どうやって踊るとよいか」を問うた。

① タブレットを使って練習

　いろいろな人が踊っている動画を見て、キレのあるダンスとは、どんな踊り方をするとよいのかを話し合った。

　まず、スロー再生を見て、ダンスの一つ一つの動きを確かめていった。ビデオと自分の踊りを比べながら踊りのコツを気づかせていった。また、実際に踊りながらリズムのとり方を確かめた。すると、キレのあるダンスを踊るためには、やはり、次のような点に気を付けるとよいことがわかった。

> 【キレキレなダンスを踊るポイント】
>   ・一つ一つの動作を速くする。
>   ・手先をぴーんと伸ばす。
>   ・動きを大きくする。
>   ・動作に強弱をつける。
>   ・速く動いた後で、動きを止めることを意識する。

　特に、踊りにキレを出すためには、速く動いた後で、瞬間的に動きを止めると、動作にリズムが出てきて、かっこよい踊りに見えてくる。

② 小グループで練習

　4～5人がグループになって、お互いの踊りの完成度を確かめることにした。一人の踊りをみんなで見たり、2人ずつ踊り、他の子が2人の踊りを確かめるようにした。キレのある踊りは一人で踊るのもいいが、2人以上が一緒に踊ると、そのシンクロ感が気持ちよく、かっこよさが倍増してきた。

　また、グループごとに課題をもたせ、それを解決できるようにした。そのためには、タブレットを使い、それを解決できる情報を引き出すようにした。踊りがうまくなっていくと、子どもたちは、2人以上で踊るシンクロの面白さを楽しむようになってきた。

③ クラス全員で踊る

　少人数でできるようになったら、いよいよクラス全体で踊ることにした。でも、ここでもいきなりクラス全員で踊るのではなく、クラスを2つに分けて、互いのダンス

を見合いながら練習を繰り返していく。また、友達のダンスは、一人一人のダンスを見るのではなく、全体として踊りがシンクロしているかを見合うようにしたい。

④ クラス全員の発表

　学習発表会や、学校の行事の中でダンスを公開していった。ここでは、一人一人が踊りを楽しむこと、キレのあるダンスに挑戦することを目指した。失敗を恐れず、練習してきた成果をぶつける気持ちで発表させるようにした。

05　活動を振り返って

　この朝礼体操は、3年生の子どもにとってかなり高度なダンスであったが、全員が踊りをほぼ完璧にマスターすることができた。ダンス自体がスピード感があり、キレのある構成になっているので、何度踊っても楽しく踊ることができた。

　課題としては、タブレットに頼ることが主な活動になったことである。可能ならば、本物のダンサーの踊りを実際に見ることができたら、子どもの意欲はさらに高まったと思われる。

自らがもつ問題を解決する
―micro : bit を使って―

鷲見辰美

01　子どもの思いと活動の概要

　水に浮かべたプリンカップ内の釘が、どのくらいの距離まで磁石に引きつけられる
のかを調べた。その中で、子どもたちの中に様々な問題が生まれてきた。その問題は
教科の学習内容の枠を超えたものになるが、micro:bit を使ってグループごとに問題
解決を行い、磁石についての理解を深めていった。

02　主な STEM の活用

S…直接見ることができない磁力について理解を深める。
T…磁力探知機を作る。
E…micro:bit を活用して問題解決する方法を考えて実行する。

03　単元の構想（教科学習時間＋6時間）

単　元	活動の概要	活用した STEM
(1) プリンカップに入れて水に浮かべた釘は、どれくらいの距離まで磁石に引きつけられるかを調べる	・水に浮かべたプリンカップ内の釘が、どのくらいの距離まで磁石に引きつけられるのか調べる。	・直接見ることができないが、離れていても働く磁力について理解する。
(2) (1) の活動で生まれた問題を各グループで解決する	・(1) の実験を行う中で生じた問題を解決していく。micro:bit を使うことで、磁力を数値化して問題解決を行う。 〇磁石と釘の間にプラスチックがあると磁力に影響があるのか。 〇磁石を2つつなげると、磁力が働く距離は長くなるのか。	・自分たちでもった疑問を解決する方法を考え、micro:bit を使って問題解決を行う。
(3) 学習したことを生かして磁力探知機を作る	・磁力の大きさによって、電気を流したり、音を鳴らしたりするプログラムを組み、磁力探知機を作る。	・micro:bit を使い、磁力探知機をプログラミングする。

04 単元（授業）の流れ

（1） どれくらいの距離まで磁石に引きつけられるかを調べる

　プランターの水受けに水を入れる。そして、プリンカップに釘を入れたものを浮かべる。プランターの端に磁石を置いて、どの距離まで近づけると磁力が働くのか調べた。

磁石に引きつけられる距離を測定する子どもたち

　この単元の学習目標としては、磁石から離れても磁力が働くことを理解することになる。磁力がどの距離まで働くのかを明確にする必要はないが、この測定から多くの問題が生じると考えて、距離の測定まで行うことにした。

　実際にグループごとの実験結果を板書すると、グループ間で磁力が働く距離には差があり、そこからいくつかの問題が生まれてきた。

・磁石と釘の間に物があるとじゃまされるのだろうか。
・磁石の置き方によって違いがあるのだろうか。
・磁石によって違いがあるのだろうか。

　各グループから出された問題をまとめてみると、この3つの問題に集約されたので、各自解決してみたい問題を選び、同じ思いの子でグループを組んで追究していくことにした。

自分が解決してみたい問題を選ぶ子どもたち

　釘を入れたプリンカップを水に浮かべる方法は、磁力が離れたところまで働くことを理解するのにはよいが、再現性のあるデータを取ることは難しい。そこで、各グループの実験は、micro:bit を使うことにした。micro:bit は地磁気センサーを備えているので、磁気を測定することができる。子どもたちは、すでにレゴブロックをプログラミングで動かしたり、micro:bit を使って方位磁針を作成したりしているので、プログラミングは楽しんで行うことができる。

（2）　問題を各グループで解決する（6時間扱い）

　磁気を測定するための手順としては次のようになる。

①ブロックを組み合わせてプログラミングする。

②プログラミングした後、ダウンロードしてボードにコピーする。

③地磁気センサーのキャリブレーションを行う。

　磁力（μT）を表示するプログラム例は次のようになる。

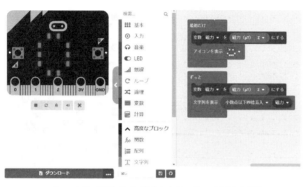

micro:bit で磁力を表示するプログラム例

　micro:bit の地磁気センサーを使う時、地磁気センサーのキャリブレーションが必要になる。このキャリブレーションとは、測定器が標準通りの値を得るために調整をすることである。micro:bit の場合は、プログフムを書き込んだ後、LED 画面に、「TILT TO FILL SCREEN」と表示されるので、micro:bit 本体を傾けて、全ての LED を点灯させる。一定時間で全ての LED を点灯させるまで次へは進めないので、慣れるまで繰り返しの活動が必要になる。

　micro:bit の設定が終わったら、グループごとに、問題を解決するための実験を行う。

　磁石と釘の間に物を入れても、micro:bit に表示される数値は全く変化しない。磁力が働くかどうかは、クリップの数などで測定することが多いが、クリップ自体が磁化されたりして明確な結果が出にくい。しかし、micro:bit では明確に数値が表示されるので、間に物を挟んでも影響がないことが明確になるよさがある。

磁力を測定するプログラミングをする子ども

　結果がすぐに明確に出るので、磁石の置き方だけではなく、磁石2個をつなげておいたときの磁力の大きさを測定するなど、各グループで実験を発展させていく様子も見られた。

(3) 学習したことを生かして磁力探知機を作る（2時間扱い）

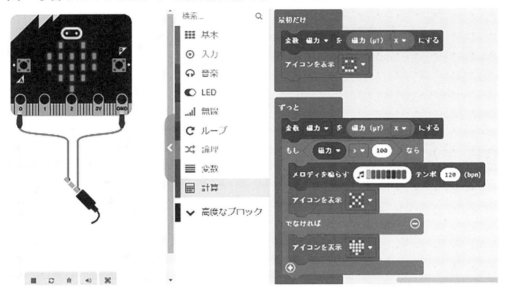

磁石に近づくと音楽が鳴る探知機のプログラム例

micro:bit は、LED を光らせたり、音を出したりすることができる。下部にある接続端子を使えば、電源を ON にしたり OFF にしたりすることもできる。この機能を利用して、磁力探知機を作る。

上図のプログラムは、磁石が近づくと、メロディが鳴るようにしたプログラムになる。100 μT 以上の磁力を感知すると、メロディが鳴り、×印の LED が点灯する。感知する磁力が 100 μT より小さくなるとハート形に LED が点灯するようになっている。磁力の感知精度をもっと上げたい場合は、この数値を小さくすればよい。しかし、micro:bit は、地磁気も感知しているので、値を小さくしすぎると、常に磁力を感知している状態を示してしまうことになるので気をつけたい。地磁気は地域によって異なるが、45 μT 程度になる。

また、プログラミングをする上で、子どもたちに伝えておくとよいのは表示機能をうまく使うことである。プログラムの中に異なる LED 表示を組み込んでおけば、実際に見ることができないプログラムの動きが見えてくることになる。プログラムの基本は分岐と繰り返しになるが、LED 表示を見ることで、分岐が思ったようにできているのかどうかを確認することができる。

磁力探知機能をプログラミングする子ども

「遊び」を追究しよう！

森本隆史

01 子どもの思いと活動の概要

　2年生のときに、自分たちでお客さん（全校の子どもたち）を呼び、遊んでもらうジャンボ遊びを行った。そのときの経験から、3年生になったときに保護者を呼んで、遊んでもらう計画を立てる。「自分たちのおうちの人にも的当てゲームを楽しんでもらいたい」という思いから、「どうすれば、大人の人にも的当てゲームを楽しんでもらえるか」という課題をもち、2年生のときのビデオを見たり、ゲームにいくつかのレベルを設定したりして、楽しい「遊び」づくりに取り組んだ。

02 主な STEM の活用

T‥‥・2年生のときの映像を見て、大人相手のゲームをどのように作ればよいか、計画を立てたり、「遊び」を改良したりすることに役立てる。

M‥‥・実際の長さ（投げる場所から的まで）を測り、4段階のレベルを作る。

　　　・4段階のレベルで、それぞれ何回的に当てることができるかを調べ、表にする。

03 単元の構想（全 15 時間）

単　元	活動の概要	活用した STEM
(1) どんな「遊び」をつくるかな？ （2 時間）	・おうちの人がどんな「遊び」を楽しむか考える。 ・2年生のときのビデオを見て、自分たちがしたことのある「遊び」を振り返る。 ・おうちの人が喜びそうな「遊び」を決める。	・2年生のときに撮影したビデオを見て、「遊び」を振り返る。
(2) 的当てゲームを改良しよう！ （7 時間）	・2年生のときに作った的当てゲームをもう一度してみる。 ・どうすれば、大人も楽しめる「遊び」になるのか話し合う。 ・投げる場所から的までの距離を測り、4段階のレベルを作る。 ・的の穴の数を変える。 ・話し合ったアイデアを生かし、実際に的当てゲームを試してみる。 ・改良できるところを話し合う。	・4つのレベルを作るため、投げる場所から的までの距離を何度も測る。 ・4つの場所から的に投げ、誰が何回入ったかを調べ、表にまとめる。

	・4段階のレベルのゲームをして、的に当たる数を数えて、表にする。 ・表を見て、4つのレベルの距離をどうすればよいか話し合い、改良する。	
(3) 改良した「遊び」を自分たちで楽しもう！ （3時間）	・自分たちで改良した「遊び」を本番同様にやってみる。 ・的に入った回数を調べる。 ・本番に向けて改良するところがないか話し合う。	・実際に遊んだときに、どのレベルで何回的に当たったかを調べ、表にする。
(4) おうちの人に「遊び」を楽しんでもらおう！ （2時間）	・おうちの人に的当てゲームを楽しんでもらう。	・当日の様子をビデオで撮影して、楽しんでもらえたか確認する。
(5) ふりかえろう！ （1時間）	・本番のビデオを見て、活動を振り返る。	・本番のビデオを見て、振り返りをする。

04 単元（授業）の流れ

(1) どんな「遊び」をつくるかな？（2時間扱い）

　2年生のときに全校児童を呼んで楽しんだゲームの映像を見て、当時の活動を思い出しているうちに、「自分たちのおうちの人を呼んで、的当てゲームを楽しんでもらいたい」という子どもの思いが出てきた。

(2) 的当てゲームを改良しよう！（7時間扱い）

　2年生のときに準備した遊びは、全校児童のために準備したものなので、大人である保護者の方が楽しめるかどうかが話題にあがってくる。話し合っていると、「父親と母親で的に当てるうまさが違うのではないか」などの意見が出てきた。的に当てるのが苦手な人にも楽しんでもらうためにはどうすればよいのかを話し合った。その結果、投げる場所から的までの距離を4つの長さに設定したり、的の穴の数を変えたりして、レベルを変えた。レベル1をクリアすれば、レベル2にチャレンジする。レベル2をクリアすればレベル3にチャレンジする。最後にレベル4をクリアすれば、的当てゲームを全てクリアしたことになるという設定を子どもたちが作っていった。

　4つのレベルを決めるときに、投げる場

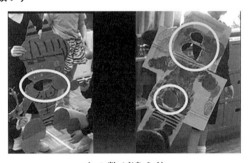

穴の数が違う的

何度も長さを測る子ども

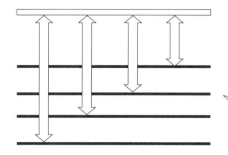

レベル1とレベル2、
レベル2とレベル3、
レベル3とレベル4の距離の差を同じ
にするというアイデアが出てきた。

所から的までの距離をどうすればよいのか、何度も長さを測ったり、的に入った数を数えたりした。

(3) 改良した「遊び」を自分たちで楽しもう！（3時間扱い）

　子どもたちは、実際に的当てゲームを楽しんでいると、自分たちが思っていたよりも的の穴に入らないということがわかってきた。的に入らないと楽しくないので、それぞれのレベルの投げる場所から的までの距離を短くすることにした。さらに、何度もデータを取っていると、多くの子どもが5回以上投げないと的の穴の中に球が入らないこともわかった。3年生では「平均」については学習していないのだが、子どもたちが一人ずつのデータを取り、自然と全員の平均を出していた。

実際に的に投げる球

　5回以上投げないと的の穴の中に入らない人が多いことがわかったので、1回のゲームで投げられる球の数を「5こ」に決めた。

　さらに、的の穴の中に球が入ったときはうれしいので、入ったら、みんなで「わあー」と言って、ボンボンで一緒に喜ぶという内容も付け加えた。スタンプカードも作り、レベル1、レベル2、レベル3、レベル4をクリアすれば、それぞれの枠にスタンプを押すというアイデアも出てきた。

　本番を前にして、子どもたちが自分たちの家族を楽しませたいという思いが、どんどん大きくなっていくのがわかった。

(4) おうちの人に「遊び」を楽しんでもらおう！（2時間扱い）

　本番当日、子どもたちはおうちの人の顔をしっかりと見ていた。おうちの人は、子どもたちが準備した的当てゲームを真剣に楽しんでいた。

　レベル1からクリアしていくので、レベル4までたどり着く保護者は10名弱だった。全員が簡単にクリアするというゲームではなかったので、大人も本気になる姿が見て取れた。

（5）　振り返ろう！（1時間扱い）

　後日、子どもたちと一緒に本番の様子をビデオで見た。おうちの人たちが笑顔で遊んでいる姿を見ると、子どもたちも笑っていた。

　この当時は、「美意識」の研究としては取り組んでいなかったが、自分たちのためではなく、人を喜ばせるためにがんばるその姿を見て、子どもたちの「美意識」が成長していることがよくわかった。

的当てゲームを楽しむ保護者

05　課題

（1）　投げる場所から的までの長さについて

　今回、子どもたち自身が何度もゲームを試して、データを取りながら、投げる場所から的までの長さを4段階に分けていった姿はすばらしいと思っている。しかし、STEMという観点から考えていくと、もう少し追究することができたはずである。子どもたちが決めたこの長さは「なんとなくこの長さ」という感じで決めているので、特に根拠があるわけではなかった。基準になる長さを決めて、難易度を調べて、調整していく必要があった。

（2）　的の大きさについて

　的の数については、子どもたちがレベルに合わせて考えていた。しかし、穴の大きさには着目していなかった。子どもたちが穴の面積を意識できるような言葉かけをしていくとよかったと思っている。

「STEM⁺総合活動」へつながる ICT 活用

北川智久

01　子どもの思いと活動の概要

　1 年生から 3 年生までの 3 年間の子どもたちの記録である。学級にある iPad や ICT ルームにあるパソコンを使って、「情報・ICT 活動部」としての私は子どもたちに「ICT を自分なりに活用する」ことを目指した活動を進めてきた。「ICT があるから使う」のではなく、「ICT を使う価値があるから使う」という考え方だ。「STEM⁺総合活動」の視点でこれまでの活動を振り返ると、本校の総合活動部が大切にしようとしている「子どもが判断して S・T・E・M を活用しようとする学習態度を育成する」ことにつながる取り組みに重なる部分が多かったと感じている。

02　主な STEM の活用

T…〇 **iPad での活用経験（図工および他教科・領域）**
- エクセルを用いてグラフを作成。ワードを用いてシナリオを作成。
- 写真を撮る・見せる（作品の写真を撮る／画面を見せ合う／拡大投影して一斉に見る）
- 写真に絵や字をかき込む（マークアップ機能で写真に手がきの文字や絵をかきたす）
- 写真を別の iPad に送る（AirDrop 機能で教師や友達の iPad に画像を送る）
- 「写真」アプリの「アルバム」機能を使う（プレゼンテーション）
- マインドマップで考えを書く（自分の好きなもの・こと、絵や作文メモ）
- コマドリアニメをつくる（連続撮影した写真を早送りしての簡易アニメ）
- StopMotionStudio アプリでストップモーションアニメをつくる（動画化）
- 自分の発表練習をビデオ撮影して自己評価する（プレゼンや劇表現全般）
- 音楽や動画を再生する（運動会や劇のダンス練習をする）
- 録音アプリで劇の発声練習（録音時の波形の大小を見て腹式呼吸を意識）
- プログラミングアプリを試す（ビスケット／スクラッチ Jr ／ピョンキー）
- 留学生との交流（翻訳アプリで伝えたい言葉を訳してみる・ネット検索等）
- マップアプリで遠足の場所を確かめる
- 検索アプリで遠足、研究、音楽・ダンス、係の調べ活動（許可を得て）
- 百人一首アプリで反復練習して覚える・読み上げアプリを使って対戦する
〇 **Windows パソコンでの使用経験**

・お絵かきアプリ、新聞アプリの体験
・タッチタイピングアプリでタイプ練習、作文タイプ
・データを SD カードから取り出す・保存する

03　単元の構想（総合および各教科領域での活用とした）

単　元	活動の概要	活用した STEM
(1) 図工での活用	・作品撮影 ・動画の作成など	・カメラ機能 ・動画作成アプリ
(2) 劇表現（総合）での活用	・劇の内容を理解するための視聴 ・練習内容を振り返るための視聴 ・発声方法を確かめる	・ビデオ機能 ・ボイスレコーダー
(3) 国語での活用	・考えをまとめるために iPad を使用 ・表現をするために iPad やパソコンを使用	・マインドマップ ・アルバム機能
(4) 研究発表（総合）での活用	・校内発表を念頭に、学級での個人発表のために iPad やパソコンを使用	・マインドマップ ・ビデオ機能 ・アルバム機能

04　単元（授業）の例

(1) 図画工作での活用

　図画工作科である担任として、図工での ICT 活用が最も多い。とはいえ、iPad の中で終始表現するような扱い方はしない。アナログ表現をデジタルで記録し、振り返りや鑑賞に生かす場面が多い。

○カメラで撮る……最も多いのは、教師や子どもが表現の途中や終末の作品を撮影することである。そして、Apple TV などで大きなモニタに映すことで、タイムリーな鑑賞ができた。活動の途中に鑑賞して、友達の考えが自分の表現に影響し、すぐ次の表現に生かされるようになった。

○アニメーションづくり……アプリを使わなくても、写真をアルバム機能で並べ替えるだけで簡易アニメがつくれる。Stop Motion Studio というアプリは低学年にも扱いやすく、作品やものを操作してストップモーションアニメづくりが楽しめた。

(2)　劇表現（総合）での活用（10 時間扱い）

　1 年生の 3 月に、卒業生を送る子ども会でクラス発表をすることになった。本校では、行事ごとにクラス単位での発表を順番で行っている。内容のアイデアを子どもに問うたところ、絵本を原作にしようというアイデアが子どもから出た。1 年生が主体的に表現できるようにするために、次のように ICT を活用した。

○脚本の理解のために、あらすじを動画化して視聴……これにより、どの役が自分に向いているか考えて主体的に選択できた。

○練習の振り返り……毎回の限られた練習時間の様子を動画に撮り、教室で視聴し

た。繰り返すことで、友達のよい表現や自分の声の大きさなどに意識が向いた。

○発声練習……ボイスレコーダーの波形は、声の大きさが一目瞭然で、自分の向上が目に見えてわかることで一生懸命取り組んだ。

このような取り組みを繰り返す中で客観的な捉えができるようにもなった。友達のよい表現を自分なりに取り入れたり、よりよくするためのアドリブ表現をしたりした。台本にない新しいアイデアを提案する子どももいた。

練習動画を繰り返し見ることで学びや気づきにつながる

自分たちの声が波形になることで発声法を意識できた

(3) 国語での活用

○マインドマップづくり……アプリを使って、作文のメモをつくった。自己紹介のために自分の好きなものを列挙して関係づけを検討しながらマップにすることで考えをまとめるなどした。ノートに書くことやカードに書くことに比べて考えをまとめたり考えを出し合って話し合ったりすることにつながりやすかった。

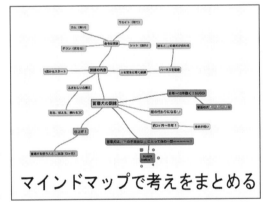

マインドマップで考えをまとめる

○創作物語を紙芝居に表す単元では、画用紙に描くよりも iPad で電子紙芝居をつくる方が「①絵を描く時間を短縮して発表時間を長くできる」や、「②スクリーンに大きく映し、画面操作や画面切り替えを工夫しながら表現しやすい」などの点で従来の学び方よりも優れていると感じた。

(4) 研究発表（総合）での活用

○「つくばっ子の追究」への取り組み……3年生になった本学級の子どもたちは、

iPadやパソコンを自分の判断で道具として使用し（使用しない判断も含む）、学習や発表に生かしてきた。その中の一例として、「つくばっ子の追究」を挙げたい。実際に全校児童の前で発表できるのはクラス1名（1グループ）、3分間以内の発表だが、全員で取り組む中から代表を選ぶことで全体の学びとなった。

○追究方法や発表方法の例（本学級の例）

①**サッカーのテクニックの紹介**（4人グループ）。ボールを蹴る様子をiPadで写真や動画撮影し、映像を取捨選択して編集して説明を添えながら紹介した。iMovieで編集。図工での画像扱いや国語のデジタル紙芝居などの経験が生かされた。

iPadを使ってプレゼン練習

②**マイクロプラスチックごみによる海洋汚染問題**を、自身の砂浜清掃体験の写真やマイクロプラスチックごみの実物の写真をタブレットで紹介した（個人の取り組み）。ペットボトルの中に砂浜の砂と水を入れ、攪拌するとマイクロプラスチックごみが浮き上がる簡易実験装置の実物をみんなに触れさせた。発表のための原稿は、パソコンを使ってタッチタイピングで作成した。

③**花の種類や特徴の紹介**（3人グループ）。国語の学習で扱ったマインドマップを応用して、iPadのマインドマップで考えをまとめながら調べた。図書室の図鑑を撮影したりインターネットから画像を得たりしてiPadに画像を集めた。校内の花の撮影もした。それらの画像を「写真」アプリの「アルバム」機能を使って並べ替えて紹介した。

05　活動を振り返って

使うことに価値があるから使うというほかに、将来の活用を目指してのタッチタイピング練習なども行った。短い作文をタイピングで打ち込み、SDカードに記録する体験もした。全体を振り返って、「子ども自身がICTの価値を知り、ICTを使うべきかアナログ表現にすべきかを判断できる素地をつくる」という意識をもち続けることはできたと思う。上学年になってからの子どもたちの飛躍に期待したい。

「お金のなぞ」にせまる

青山由紀

01　子どもの思いと活動の概要

　7月に、他学年の「つくばっ子の追究」の発表を見た。子どもたちは下学年の子どもたちが楽しそうに発表する姿に触発され、「自分たちも追究したことをみんなにわかりやすく発表したい」という思いをもった。追究することよりもプレゼンテーションをすることが目的になっていたのである。さらに、「クラスみんなで一つのテーマについて追究したい」という。普通はまず追究したい事柄があり、それが強い動機付けとなって活動が推進される。ところが、本活動では「クラスみんなで追究したことをプレゼンテーションする」ことにこだわりをもったのである。果たしてそんなスタートで追究し続けることができるのだろうか。不安に思いながらも、子どもたちに委ねることにした。

　総合活動のリーダー役を決め、夏休み中にクラスみんなで追究できそうなテーマをそれぞれが考えてくることにした。そして9月。まずは、全員が考えてきたテーマについて簡単なプレゼンを行った。「殺処分される動物を守る」「SDGsって何?」「足が速くなる方法を探る」など様々なテーマが挙げられた。検討の結果、「お金のなぞ」に決まった。

　次に、どのような「お金のなぞ」があるか、知りたいことや調べたいことを出し合い、マッピングしながら観点を整理していった。そして、一人一人が自分の調べたい観点を選び、同じ観点を選んだ者同士でグループを作り、グループで追究していくことになった。ここまでの話し合いは、総合活動のリーダーが司会を務め、意見をまとめていった。

　追究の仕方については、百科事典を活用した調べ学習の指導と並行して、書籍、新聞、インターネット、博物館などを訪ねるといったフィールドワークなど多様な方法があることを伝え、複数のメディアから情報を得るとよいことを伝えた。

　1月下旬に設定されていた「つくばっ子の追究」の発表に向けて、調べてまとめるまでの流れを考え、計画的に活動していった。まとめの途中でグループ同士が見合う時間をとることで、紙芝居、PowerPoint、ポスターセッション、劇など様々な発表方法が使えることを知り、互いのよいところを取り入れたり作り直したりした。2月の「つくばっ子の追究」では、クラス代表しか発表できず、しかも短い時間であったため、その後改めて全クラスに呼びかけ、昼休みに教室を会場にして発表を行った。

02　主な STEM の活用

T…「PowerPoint」の機能を活用して、調べたことについてわかりやすくまとめ、プレゼンテーションを行う。

E…聞き手の興味を喚起し、わかりやすく説明するためのポスターセッション用の資料を作成する。また、部分的に寸劇を取り入れる。

03　単元の構想（全 22 時間＋課外活動）

単　元	活動の概要	活用した STEM
(1) 楽しく、聞き手を引きつけるプレゼンテーションをしたい（2 時間＋課外活動）	・他学年の「つくばっ子の追究」を見て、「楽しく、聞き手を引きつけるプレゼンテーションをしたい」という思いをもつ。 ・クラスみんなで追究できそうなテーマを探す。	・自分が選んだテーマについて、追究する観点や調べる手立て、資料の有無などについて予備調べを書籍やネットで行う。
(2) クラスみんなで追究できるテーマを見つけて調べ、まとめよう（14 時間＋課外活動）	・自分の考えてきたテーマについてプレゼンテーションを行う。 ・百科事典を活用した調べ方や書籍、インターネット、フィールドワークなど様々な調査の仕方と特徴、留意点について知る。 ・紙芝居や劇、「PowerPoint」を活用したプレゼン、ポスターセッションなど多様なまとめ方や発表方法を知り、内容に合ったものを選んでまとめる。 ・中間発表会を行い、発表方法をアレンジしたり、作り直したりしてよりよいプレゼンを作る。	・調べる内容について、マッピングを用いて分類、整理する。 ・調べたことを必要に応じてグラフに表す。 ・「PowerPoint」でプレゼンや資料を作成する。
(3) 2 部 4 年「お金のなぞ」プレゼンテーションを行おう（6 時間＋課外活動）	・学級内で発表会を行う。 ・「つくばっ子の追究」で発表するために、「PowerPoint」を活用して短いプレゼンを作成し直す。 ・昼休みに発表会を行う。	・「PowerPoint」を活用してプレゼンを行う。 ・紙芝居や紙のフリップを「PowerPoint」で作り直す。 ・手書きの図表をエクセルで作成し直す。

04　単元（授業）の流れ

(1)　楽しく、聞き手を引きつけるプレゼンテーションをしたい（2 時間＋課外活動）

　7 月。「つくばっ子の追究」発表会で、他学年のプレゼンテーションに触発され、「プレゼンしたい」という気持ちを強くもった子どもたち。1 月下旬の発表に向けて、「クラスみんなで一つのテーマについて追究し、聞いている人を引きつけるプレゼンをしたい」という。

　テーマ探しが始まった。テーマの条件は、①32 名全員で、かつ数か月にわたって取り組めそうな話題であること、②追究する手立てや見通しがある話題であることを

確かめた。課題発見から解決までの流れを意識した上で、夏休み中にそれぞれがテーマ探しをしてくることとなった。

(2) クラスみんなで追究できるテーマを見つけて調べ、まとめよう
（14時間＋課外活動）
① 中心となる話題から、追究する観点や課題を見つける

　夏休み明け。見つけてきたテーマについて、先の条件と照らしながら話し合い、最終的には「『お金のなぞ』にせまる」に決定した。これは、2022年度から高等学校で金融教育が義務化される動きに伴って
「お金」に関する児童向けの書籍が増えたり、「お金」から世の中の事象を捉えるテレビ番組を視聴している子どもが多かったりしたことなどが影響していたと思われる。

　学級の中で総合活動係を担当している子どもたちがリーダー役となり、「お金」についての疑問や調べたいことを話し合った。その際に【お金】を中心語とし

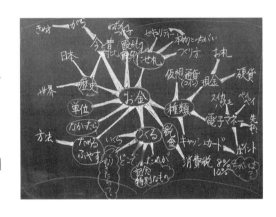

てマッピングしたものが右の板書である。マッピングしながら〈広げる・つなげる・まとめる〉を繰り返し、整理した。それぞれ自分が調べたい観点を選び、グルーピングした。いずれも2名から6名程度の編成となった。

② 調査方法やまとめ方、発表方法について知る

　国語の百科事典を活用した調べ方の学習と並行して、調査方法には書籍のほかに新聞、インターネット、博物館を訪ねるなどのフィールドワーク、インタビュー、実験など多様な種類があることやそれぞれの特徴と留意点も整理した。

　調べが進むに従い、発表内容が充実してきた。しかし、「つくばっ子の追究」発表会で各クラスに割り当てられた時間は5分程度。クラスの代表グループの、さらに調べたことの一端しかプレゼンすることはできない。そこで、昼休みに教室で何度かゲリラ的にプレゼンすることにした。

③ 多様なまとめ方や発表方法を知り、アレンジしたり作り直したりする

　途中、中間発表会を行った。複数のメディアや情報源から情報を得るようにするとよいことや、多様なまとめ方や発表の仕方があることに気づかせることを意図して仕組んだ。完全に仕上げてしまった後では、いくらよいところを見つけてももう取り入れることはできないからである。本活動では、他のクラスの子どもたちを相手にプレゼンすることが最終目的である。実際、中間発表会で聞き手になった子どもたちは、内容についての質問に加え、発表の仕方のよい点やアドバイスを伝える姿が多く見られた。その後のグループ活動では、まとめ方をアレンジしたり、紙芝居からPower-Pointに作り替えたりした。

（3） 2部4年「お金のなぞ」プレゼンテーションを行おう（6時間＋課外活動）
発表方法は、場や目的に応じて選択するとよいことを理解する

　発表グループを分け、発表役と聞き手役とを交代しながら学級内での発表を行った。実際の発表では、PowerPoint、フリップ、ポスター、劇仕立て、クイズなどこれらを混み合わせたものとなった。下の写真のように、フリップの中に表計算ソフトを使用してグラフ化して見せる工夫をしたものも見られた。

　2月の「つくばっ子の追究」発表会では、2つの代表グループがプレゼンテーションを行った。いずれも、もとの発表では紙芝居風にフリップを使った発表であったが、広い場所で大勢が聞き手であることを考慮してPowerPointに作り替えた。手書きでは、1枚のフリップにあまり多くの文字を書くことができない。そのため、フリップに書く情報は自然と精査される。それが見やすいPowerPointの作成につながった。

　その後全校児童に呼びかけ、昼休みに教室で自主的に発表を行った。面白いことに、発表会ではPowerPointでプレゼンしたにもかかわらず、教室ですぐ目の前に聞き手がいるときにはフリップを使った発表方法を選んでいたのである。

　以上の活動から、中学年では「課題発見から追究するプロセス」を主体的に学ばせることや、多様な発表方法とその特徴を知ること、場や目的に応じて選ぶことができるようにすることをねらいとすることが大切である。

フィリピンの友達とスカイプ交流

山田　誠

01　子どもの思いと活動の概要

　外国の小学生の生活を知りたいという子どもの願いをもとに、NPO法人「アクション」に協力してもらい、フィリピンのハニエル小学校の5・6年生と本校の4年生で、スカイプを使った児童交流を行った。

02　主な STEM の活用

T…スカイプによる交流
L…英語を使ったコミュニケーション

03　活動内容

(1)　ねらい

・フィリピンの小学生とスカイプを使って交流することにより、外国の文化を知る。
・英語を使って交流することにより、英語を話せるようになりたいという意欲をもつ。

(2)　活動のプロセス

① 英語による自己紹介

　今回は初めての顔合わせだったので、お互いに自己紹介をした。日本の小学生もフィリピンの小学生もあらかじめ決まった形式に則して準備しておいた内容を話すだけの自己紹介で、お互いにやりとりをしない一方通行の交流であった。しかし、3部

4年の子どもたちは、初めての外国の小学生との交流だったので、とても緊張していた。自分の番がくるまで他の子どもの自己紹介を聞いている時間が長かったが、ほとんどの子どもが他の子どもの自己紹介を真剣に聞いていた。そして、何人かの子どもは、繰り返し聞いているうちに、フィリピンの子どもたちが英語で話す自己紹介の内容が理解できるようになった。担任の私は、フィリピンの子どもたちの話す英語の速さについていけなかったが、子どもたちの方が英語に慣れるのは早いと思った。

※子どもの感想

私が驚いたことは、日本の小学校は学年の年齢が決まっているけど、フィリピンの小学校は同じ学年に様々な年齢の子どもがいることです。これは、日本ではあり得ないことです。私の交流相手以外のフィリピンの小学生の自己紹介で、「好きな科目は、キリスト教の聖書です」と言っていた人がいました。私はこれを聞いて、「どんな授業をするのかな?」と思いました。

②「私の宝物」についてのビデオレター作成

前回の自己紹介では、フィリピン側のインターネット回線の都合で日本の子どもたちの映像がフィリピンで見られなかったので、今回は子どもたちが「私の宝物」を家から持ってきて紹介するところをビデオで撮影してフィリピンに送ることにした。子どもたちが持ってきた宝物は、家族やペットの写真、スポーツ大会のトロフィーなど、バラエティーに富んでいた。

事前に宝物を紹介する文章を書かせたところ、ほとんどの子どもが英語で書いていた。これはたぶん、大人が手伝ったものだと思う。しかし、大人が手伝ったにせよ、英語に触れる機会が増えたことはよいことだと思う。ビデオ撮影の本番では、あらかじめ書いておいた英文を見ながらではあるが、英語で宝物紹介をすることができた。ただ、英語で話すことにより、普段より声が小さくなってしまう子どももいたので、「英語で話すことによりかえって話の内容が伝わらなくなってしまうのでは意味がない」と指導した。

英語を話すことが目的ではなく、英語で何を伝えるかということが大切である。これからの交流において、このことは常に子どもたちに意識させるようにしたい。

※宝物についての説明

僕の宝物は、家族です。なぜかというと、家族はいつも一緒にいるからです。

(写真を見せながら)この人がお父さんです。いつもは面白いけど、時々怒ります。

(写真を見せながら)この人がお母さんです。いつも優しく勉強を教えてくれます。

(写真を見せながら)これがおじいちゃん、おばあちゃんです。この2人は、日本の大阪という所に住んでいます。僕たちは東京という所に住んでいて、大阪と東京は離れているので、1年間に2、3回しか会えません。

③ 宝物についての質問

　事前にビデオレターで「私の宝物紹介」をお互いに行ったので、今回は、それをもとにして、お互いの宝物についてスカイプで質問をした。ただ、ビデオレターにおけるフィリピンの子どもたちの英語が速くて、ほとんど聞き取れなかった。自分の宝物紹介は、あらかじめ英語の文章を用意しておいてそれを読めばよいのだが、相手の英語による宝物紹介を聞き取るのは、自分で英語を話すよりはるかに難しい。子どもたちは、ビデオレターと共に送られてきた文章を読んで、何とか相手の宝物に関する質問を考えた。

　今回の交流の最後に、お互いにクリスマスに関する歌を歌うことになったので、日本の子どもたちは、「ジングルベル」を英語で歌うことにした。最初は英語の「ジングルベル」の歌を流しても、子どもたちは全然歌えなかった。子どもたちは英語の単語を全然知らないので、英語の歌詞を見ても歌えるはずがない。そこで、子どもたち全員に「ジングルベル」の歌が入ったCDを配り、家で聴くように促すとともに、子どもたちの意欲を高めるために、班対抗歌合戦を行うことにした。子どもたちは何度も曲を聴くことによって耳から自然に英語の歌を覚えた。最終的には、歌詞を見ないで英語で歌えるようになった。大人では、このような英語の歌の覚え方は不可能で、改めて小学生の吸収力の高さを感じた。このような事例を見ると、やはり吸収力の高い小学生の頃から英語に触れさせることは、効果的であると思う。

　今回の交流では、日本の小学生がフィリピンの小学生の英語をだいたい理解して、少しではあるが、お互いの会話が成立している組もあった。一方、日本の小学生が英語で話すことにこだわるあまり、声が小さくなり、かえって話すことの内容が伝わらなくなってしまった子どももいた。今回の交流の補助をしてくれているNPO法人アクションの職員である長田さんが言うには、何人かの英語はフィリピンの子どもたちに通じているとのことであった。後で、現地のスタッフに聞いたところ、日本の小学生の英語は6割くらい通じていたそうである。これを翌日子どもたちに伝えたところ、とてもうれしそうにしていた。今後は、お互いに相手の言っていることがわかったらフラッシュカードで合図することにした。自分の英語が相手に伝わったかどうかがその場でわかれば、日本の子どもたちの英語に対する意欲はさらに高まると思われる。

　現地のスタッフからも、英語の上達・国際交流の2つを考えているならば、
・英語の授業で習った文を2つ以上話す。
・内容の濃い質問や説明は日本語で行う。
という提案を頂いた。大変貴重な提案なので、今後の交流にぜひ生かしていきたい。

※子どもの感想

　私が英語で「仲良しの友達は、何人いますか」と聞いたら、「5人」と答えてくれました。「友達と何をしている時が、一番楽しいですか」と聞いたら、「遊んでいる時」と答えてくれました。アシェリー君から「友達はいますか」と聞かれたので、「はい」と答えました。さらに、「友達は何人いますか」と聞かれたので、「いっぱいいます」と答えました。とても緊張したけど、伝わってよかったです。

④ 日本とフィリピンのお正月紹介

　今回は宝物についての質問の残りと、日本とフィリピンのお正月をお互いに紹介した。日本の子どもは、コマ回し・凧揚げ・羽根つき・年賀状・お年玉・初詣・おせち料理について紹介した。今回は最初と最後の挨拶だけ簡単な英語で言って、内容は日本語で話した。日本の子どもたちの話の内容が何かの本を写したもので難しかったが、現地の日本人がそれをその場で直ちに英語で訳していたのには驚いた。聞いたところによると、その人は帯川さんというアメリカの4年制の大学を卒業している20代の女性である。このような人が今回の交流に関わってくれていることは、大変ありがたいことである。2月3日の節分が終わったばかりだったので、子どもたちの発表の後で、担任の私も節分について英語で話した。

　フィリピンの小学生のお正月の紹介は、帯川さんがフィリピンの小学生の英語を日本語に訳してくれた。フィリピンと日本ではお正月の習慣が随分違うので、日本の子どもたちも興味深く聞いていた。このように日本と異なる文化に触れることも今回の交流の大きな目的の一つである。

　最後にお互いに歌を歌って終わりにした。フィリピンの子どもたちは、踊りながらクリスマスの歌を歌ってくれた。日本の子どもたちは、英語の時間に学習した「ハローの歌」を歌った。フィリピンの子どもも日本の子どもも歌を歌っている時と相手の歌を聴いている時は、とても楽しそうだった。歌は国境を超えたものであると思った。フィリピンの子どもたちが歌いながら踊っていたので、日本の小学生も自分たちの得意なロックソーランの踊りをビデオで撮影して送ることにした。

※子どもの感想

　フィリピンのお正月は日本と同じで、御馳走を食べてお金をもらうそうです。大晦日は、夜の12時まで起きていて新年を祝うそうです。日本と違うところは、元旦に赤い服を着て、ポケットにお金を入れていることです。私も来年が良い年になるように赤い服を着て、お金をポケットに入れてみようかなと思いました。

　歌のプレゼント交換では、フィリピンの人たちはとても難しい歌を歌ってくれたので、私たちももっと難しい歌を歌えるようになりたいです。

ミッションをクリアしよう

大野　桂

01 子どもの思いと活動の概要

ハワイでの授業から STEM⁺への示唆をえる

本校4年生希望者が参加する「ハワイ児童交流会」。ハワイの現地小学校の授業に参加したり、ハワイの子どもたちと文化交流をしたりすることを通して語学研修をしたときのことである。

ハワイでは以前より STEM 教育と P4C という活動が盛んに行われている。そして、交流会でワイキキ小学校の授業に参加した時も、P4C を学習スタイルとした STEM 教育の授業が行われていた。ちなみに、P4C（ピーフォーシー）とは、子どもの哲学 philosophy for children の頭文字のことで、「哲学」の活動を学習に取り入れた学習スタイルのことである。その概要を簡潔に述べれば、学習は、子ども個々の哲学が問いかける「なぜ」から始まり、その「なぜ」をクラスみんなに問いかけ、みんなが「なぜ」について考え、その考えたことを、安心できる学級集団で素直に話し合いながら答えを探していくというものである。

授業で行われていた活動は、「イカダ作り」であった。「コイン3枚のおもりをのせ、1mほどの水槽を渡りきることができるイカダを作ります。材料はここに用意したもので、動力は画用紙で扇ぐ"風"です」という課題を教師が提示し、4名1グループの子どもたちそれぞれに材料を与えることから活動は始まった。

それぞれの子どもたちが設計図を描き始めた。個々の設計図ができあがると、4人はそれぞれの設計図のこだわりについての提案と話し合いを通して、「4人で作るイカダ」の1枚の設計図ができあがった。次は、設計図をもとにしたイカダ作りである。4人それぞれが役割を分担し、作成する。完成すると、課題への挑戦。イカダにコイン3枚を乗せ、水槽の水に浮かべ、そして扇いだ。課題を見事クリアするグループもあれば、イカダが水に沈んでしまったり、扇ぐ風ではうまく進まなかったりするグループもあった。

参加した授業では、ここまでで終了であった。おそらく次時に、「仲間と共に失敗した原因を考え、設計図を練り直し、イカダを作り、課題に再挑戦する」という活動があるのだろうと想像できた。なぜなら、そこに深い学びがあるからである。

授業の一部分ではあったが、参観をしてみて、「課題のクリアを目指すモノづくり」に大変興味をもった。「モノづくりに向かう際に生まれる課題意識」「仲間との課題意識の共有と対話を通した問題解決へ向かう姿勢」「失敗することが前提であるからこ

そ生まれる問題解決に向けた仲間との試行錯誤」などなど、ぜひ、子どもに経験させたいことだと思った。

　今回の実践は、この経験をもとにして取り組んだものである。この活動は、私が提示した課題を子どもに取り組ませているので、子どもの思いがもとにあって生まれた活動ではない。しかしながら、子どもたちは、活動に興味をもち、失敗と修正・改良を繰り返しながら試行錯誤をし、何とか課題をクリアしようと意欲的に取り組んでいた。そして、課題をクリアする上で大切な科学的な事象も、失敗から学び、修正していく中で、つかんでいったようであった。まさに、探究的な活動を通して、深い学びを実現していった。

02　主な STEM の活用

S…課題をクリアするために科学的事象を見いだす・活用する。
E…科学的事象を根拠とした、課題をクリアするための道具を作る。

03　単元の構想

単　元	活動の概要	活用した STEM
(1) コイン5枚を乗せて水槽を渡るイカダを作ろう	・木の浮力に気づくことで、コインを乗せても沈まないイカダを作ることができ、課題をクリアする。	S…木の浮力に気づく E…浮力を活用したイカダを作る
(2) コインを50cmの高さの柵を飛び越えさせよう	・ゴムの力を木に伝え、伝わった力が、木を通した「てこの力」となり、それによってコインが飛ぶという仕組みに気づくことで、課題をクリアする。	S…てこの原理に気づく E…てこを活用したコインを飛ばす道具を作る
(3) おもりの力でコインを持ち上げて、50cmの高さの柵を乗りこえさせよう	・糸をつないだおもりの力を使って、糸の反対側につるしたコインが持ち上がるという仕組みに気づくことで、課題をクリアする。	S…おもりが持つ位置エネルギーに気づく E…位置エネルギーを活用してコインを持ち上げる道具を作る

04　活動の流れ

(1)　設計図の制作→制作

　課題は、右の板書に記したような、「1m50cmの水槽をコイン5枚をのせて沈まずに渡る、イカダを作る」である。イカダづくりに用いる材料は、全員共通で、「アイスの棒8本・箸一膳・タコ糸1m・1辺15cmの正方形の不織布2枚」である。

　この同条件のもとで、子どもたちは課題のクリアを目指した。

　子どもたちは、まず設計図づくりに取り組んだ。設計図には、イカダ作りのこ

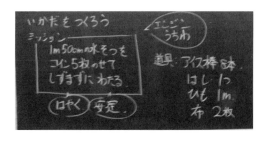

だわりのポイントを記述した。なぜなら、本実践は、失敗と修正を繰り返しながら成功に向かっていく際の、科学的思考が高まっていく過程を意識することと、その成長を目的に据えているからである。

　だから、設計図は、失敗の度に、原因と修正のポイントを書き加えさせ、更新していくようにした。下の写真が、設計図をもとに制作したイカダの一例である。

(2)　試行→失敗

　イカダができたら、次は、実際にイカダにコインを5枚乗せ、水に浮かせて進ませる試行である。

　それぞれが自分の作ったイカダを水に浮かべ、帆に向けて団扇であおごうとした。ところが、子どもの作ったイカダのほとんどは、水に浮かぶが、コイン5枚を乗せた瞬間に沈んだ。その時の子どもの反応は、「えっ、なんで？」という感じであった。もう少しうまくいくと思っていたのだろう。コインを乗せたイカダが浮かんだ子どもも数名はいた。しかし、帆にうまく風が伝わらないのでまっすぐに進まず、程なくして沈んでいった。

　結果、1回目の挑戦では、31名中29名が沈没で失敗となった。クリアした子どもは、わずか2名であった。次に示した写真が、沈んだイカダの一例である。

(3)　再考→再制作→再試行

　次ページの左の写真のように、「船底を広くすればよい」と考えている子どもが多かった。この考えはよいのだが、上のアイス棒の格子の隙間を、セロテープで埋めている子どもも多数いた。つまり、子どもたちは、「セロテープでも、とにかく隙間が

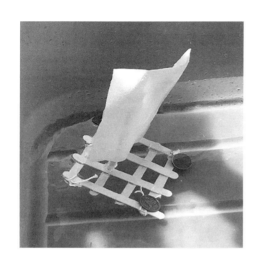

なければ浮く」と考えていることがわかる。

　また、右の写真のように、船底の広さではなく、「アイス棒を何枚も重ねる」という、船底の厚さにポイントを置いている子どもも多かった。この方法は、バランスを欠き、失敗した。

　失敗した子どもたちは、このイカダの沈んだ様子の観察をもとに、なぜ沈んだのか考え、設計図の修正と、それをもとにしたイカダづくりに取り組んだ。

　そして再試行である。2回目のチャレンジでは、半数ほどの子どもが課題をクリアしていた。

（4）　課題クリアのポイントをまとめる

　課題クリアのポイントは、「木の浮力」であった。子どもたちは、船底にアイス棒を少なくとも隙間なく6枚以上は並べないとコインの重さで沈むことに気づいた。そして、その理由を、「水が入らないように単に隙間がなければよいのではなく、木は水によく浮くから、木を隙間なく広めに敷き詰めると、よく浮かぶからいい」ということを明らかにした。

　モノづくりの際に働くPDCAサイクルを通した科学的な思考の育成。これからSTEM教育を進めていく上で重要なポイントになるのではと考える。

| 4年生 | T・Aの活用 |

幸せをつくる・幸せを増やす TEAM プロジェクト

齋藤直人

01 子どもの思いと活動の概要

　全員がそろって学校に登校できない中、学級通信やオンライン学習システム「まなびポケット」(まなびポケットでは①各教科の課題の確認②学校、学年、学級からの連絡の受信③仲間との交流をオンライン上で行うことが可能である)を使い、新しいクラスでどんなことがしたいのかを考えてみるように発信をし、少しでも学校生活に対して前向きになれるように働きかけた。今回の総合活動では、クラス全員が同じものに一斉に取り組んでいくのではなく、一人一人に思いをもたせ、それを共有できる仲間同士がプロジェクトを立ち上げ、企画・準備をし、クラス全体に広げていくという手法をとった。賛否両論あるかもしれないが、「子どもの思い」を基盤にして、共に幸せに生きるにはどうすればよいのかを追求できる活動の在り方の一つではないだろうか。

02 主なSTEMの活用

T…・まなびポケットを活用し情報の交換・共有を行う。
　　・ワードやパワーポイントを使い、先生紹介カードを作成する。
A…・クラスTシャツの色合いやデザインについて、相互に意見交換をする。

03 単元構想

単　元	活動の概要	活用したSTEM
(1) 幸せをつくる・幸せを増やす	・クラスで取り組みたいことのアイデアを出し合う。 ・関連する項目についてグルーピングをして整理し、選択する。	・まなびポケットにアイデアを出し合って事前に情報を共有する。
(2) 1年生プロジェクト	・先生紹介カードを作成し、1年生に先生たちのことを知ってもらう。	・ワードやパワーポイントでカードを作成
(3) ポロシャツ・Tシャツプロジェクト	・クラスオリジナルTシャツをデザインから発注まで全て自分たちで行う。	・色合いやデザインの検討

04 単元（授業）の流れ

（1） ① 幸せをつくる・幸せを増やす（2時間）

　2020年4月。全国一斉休校中にクラス替えが行われた4年生。学級全員がそろって登校することがままならない中、「まなびポケット」で"どんなことがしたいか"について投げかけ、子どもたちが想像するきっかけをつくった。思いついた子どもたちは私に個別のメッセージを送り、それを受けて考えを深めたり、広げたりできるように私が返信した。また分散登校した際に、感染対策を踏まえた上で"クラスとしてやってみたいこと"を各自ノートに書き出させ考えが整理できるようにした。

　そして、クラス全員が登校した際に、「幸せをつくる・幸せを増やす」を意識した"クラスでやりたいこと"のアイデアを出し合った。事前にノートに書き込んでいたり、具体的なことを考えていたりしたことで、それぞれが自分事として話し合いに参加することができた。自分たちが楽しむことはもちろん、1年生のための動きだったり、これまでお家の人がやっていたことを自分たちでやろうとするチャレンジだったり、枠にとらわれない面白いアイデアが出てきた。意見をグルーピングし、○ペット○教室デコ○新しい生活様式○誕生日○1年生○ポロシャツ・Tシャツ○お楽しみの7つの「TEAMプロジェクト」で動き出すことを確認した（TEAMは学級通信の名前から）。

② 自分たちの企画を進めよう

　ここから、また分散登校が始まったので、「まなびポケット」上に、それぞれのプロジェクトの意見交換をするためのチャンネルを開設した。それと同時に、学校でも意見交換や進捗状況がわかるように教室にホワイトボードを設置した。これによって、オンラインとリアルを往還させながら自分が一番携わりたいものを考えていった。

　それぞれが検討した結果、新しい生活様式とお楽しみを除く5つのプロジェクトで動き出した。それぞれのプロジェクトのメンバーが固定されたところで、「まなびポケット」のメンバーのみ（担任を含む）での意見交換ができる、個別のメッセージを活用し、分散登校でメンバーと一緒の登校日でなくても、オンライン上で打ち合わせができるように進めていった。

　リアルではプロジェクトごとのホワイトボードを活用し、オンラインではデータやメッセージで打ち合わせをすることで、全員が登校していなくてもプロジェクトを進める環境を整えた。

(2) ① 1年生プロジェクト

　このプロジェクトでは、1年生に先生たちのことを知ってもらい、早く学校に慣れてもらうことを目的に"先生紹介カード"の作成に取り組んだ。

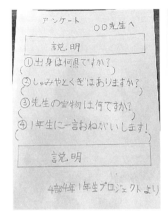
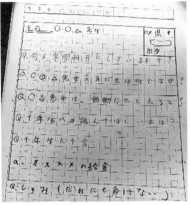

　まずは、ノートにイメージを書き、それを個別のメッセージで共有する。そのアイデアを見たメンバーがパワーポイントで試作品を作成した。

　その試作品を見た他のメンバーが、それを作成するために必要な先生へのアンケート用紙の試作品を書いて投稿する。それを受けて、分散登校した際に、私がアドバイスをしたり、意見交換をしたりして、紹介カードとアンケート用紙の見本を作成していった。

　方向性が決まったところで、学級全体への協力をお願いする流れとなった。クラスのみんなで手分けして、全校の先生方に協力をお願いするという全体像を具体的に共有することで、どんな意味があるのかを理解して動き出せた。

　実際に、先生方にお願いしたり、完成したカードを1年生の廊下に掲示し、それを見る1年生の姿を目の当たりにしたりすることで、活動の価値を確かめることができた。

② ポロシャツ・Tシャツプロジェクト

　クラスポロシャツ・Tシャツをデザインから発注まで自分たちの手で行うプロジェ

クトである。低学年のときに、保護者の方にクラスオリジナルのポロシャツやTシャツを作ってもらった経験があり、それを自分たちの手で一から取り組んだ。

　まずは、ポロシャツとTシャツのメリットとデメリットを挙げて表にまとめた。また、ポリエステルや綿など素材にも着目し、それぞれの特徴をまとめた。それらをクラス全体で情報を共有した上で、全体の意見を取りまとめ、綿100％のTシャツを作成することが決まった。

　次はデザインの段階である。はじめは、デザインに取り入れてほしい文字やイラストを聞き、プロジェクトメンバーがデザインを作成しようと試みた。ネット上にある無料のイラストサイトなどを参考にしたり、図工の専科の先生にアドバイスをもらったりしながら、取り組んだものの、なかなか思うように進まなかった。そこで、アイデアとして出されているイメージや文字を全員と情報共有をした上で、学級全体からデザインを募集し、コンペティションを行った。たくさんの応募があり、誰がデザインしたかわからない状態で投票を行った。そこで、上位3つをTシャツの胸、肩、背面にデザインすることに決定した。

　その後に業者の選定に入った。たくさんの業者がある中で、価格はもちろん、デザインの相談や追加注文のしやすさなどを比較検討し、業者を決定した。インターネット上でデザインについて業者と何度かやりとりをした。各家庭への注文票も作成し、取りまとめた後に実際に注文を行った。

　そして、Tシャツを完成させた。自分たちで一から作ったという達成感やアイデアを出し合いながら作ったという一体感があり、想いの込もったクラスTシャツに袖を通す子どもたちは、非常に誇らしい表情をしていた。

あなたはプラスチックを
食べていませんか？

由井薗健

01　子どもの思いと活動の概要

　4年生のときに「プラごみ反対の党」という会社活動（係活動）の子どもたちが提案したストローを使わない「牛乳直飲み活動」をきっかけに「プラごみの問題をどうすればよいのか？」という子どもたち一人一人の問題意識が熟成された。「プラごみ問題」の現状や原因について、新聞記事やネット、実踏をもとに調査・追究し、自分たちでできることを行ったり、画像と数字を効果的に使いながら、全校の半分の児童に「PowerPoint」によるプレゼンを行い、未使用のストロー等の回収活動を行ったりした。残りの半分の児童へのプレゼンを行おうと自主的に集会を企画するも、その前日にコロナ禍により休校となってしまった。

　5年生に進級し、分散登校という形で学校が再開されるも、集会を開くことが難しい状況の中で、子どもたちは、休校中に出合った「Zoom」や「Vimeo」などで、自分たちのつくった「PowerPoint」や動画をもとに、再度プレゼンを行おうとしている。

　単元名となった「あなたはプラスチックを食べていませんか？」の「あなた」は、「この地球上に生きる全ての人たち」だと捉えている子どもたちは、「より多くの人にプラごみ問題の深刻さを伝えたい」という思いを遂げるために、コロナ終息後、校外でのプレゼンや、ネットにおけるプレゼンという活動を考えている。

02　主な STEM の活用

T…「PowerPoint」の機能を活用して、「プラごみ問題」の深刻さを伝えるために効果的なプレゼンを行ったり、ポスターを作ったりする。

E…「プラごみ問題」を解決するために、ストロー回収箱やポスターを作る。

03　単元の構想（全24時間＋課外活動）

単　元	活動の概要	活用したSTEM
(1)「プラごみ問題」ってヤバい！ （6時間＋課外活動）	・「プラごみ反対の党」の「牛乳直飲み」（ストロー節約）活動をきっかけに、「プラごみ問題」の現状や原因について、本やネット、現地調査を通して追究する。	・「プラごみ問題」について本だけでなく、ネットで調べたり、現地調査でデジカメやビデオを用いて記録をしたりする。
(2)「プラごみ問題」を解決したい！ （12時間＋課外活動）	・「プラごみ問題」を解決するために、自分たちでできることを考え、行う。 ・「プラごみ問題」の深刻さを伝えるために、「つくばっ子の追究」というイベントで「PowerPoint」等によるプレゼンを行ったり、ポスターを作ったりする。	・スーパー来店者のマイバッグ持参率を調べる。 ・海洋プラスチックの量や推移をグラフに表す。 ・「PowerPoint」でプレゼンやポスターを作成する。
(3)「プラごみ問題」をみんなに伝えたい！ （6時間＋課外活動）	・「プラごみ問題」の深刻さをできるだけ多くの人たちに伝える活動を考え、実行する。（現在も継続中）	・「PowerPoint」による動画づくりを行ったり、実際に放映する方法を追究したりする。

04　単元（授業）の流れ

(1)「プラごみ問題」ってヤバい！（6時間＋課外活動）

　子どもたちは、プラごみ問題の現状や原因について、新聞記事や書籍、ネットなどをもとに調べ始めた。調べた事実を伝えるために「PowerPoint」を使ってみたいという声を受け、休み時間にパソコンを貸し出した。すると何人かの子どもたちも集まり、みんなで「プラごみ問題に関する驚きの事実」のプレゼンを作ってしまい、それを学級のみんなの前で発表した。

　その後、休み時間に、子どもたち同士、画像やデジカメ動画の貼り方やアニメーションのやり方など、日々、発見していった「PowerPoint」の操作方法を共有化していく姿が見られたり、毎朝の日直のスピーチでも「PowerPoint」を使う子が現れたりするようになった。

　そのような中で、A子が、「道路のプラごみが川や海に流され、波の力や太陽の日差しによって細かくなり、その細かくなったプラごみを魚が食べ、人間がその魚を食べ、体内に入ってしまうこと」「その量は、およそ1年間にクレジットカード1枚分くらいになること」「そのような、マイクロプラスチックは自然界では半永久的に消滅しないこと」「東京湾でも砂浜で拾うことができるということ」を「PowerPoint」で紹介した。子どもたちは、その驚きの事実に、「うそだ！」「信じられない…」と半信半疑だった。そこで、担任は「マイクロプラスチックを拾うことができて、学校から行ける範囲の安全な場所が見つかったら、みんなで確かめに行こうよ！」と投げかけた。

　子どもたちは、「葛西臨海公園」を選び、行き方や費用なども調べ、実踏調査を行った。子どもたちは、あまりに多いプラごみやマイクロプラスチックを種類ごとに分類して数えたり、デジカメでその様子を撮影したりした。その後、理科専科とともにカタクチイワシ（煮干し）の解剖も行ってみたが、やはり、実際に自分の目で見て触れる体験は、かけがえのないものだったようである。

(2)　「プラごみ問題」を解決したい！（12時間＋課外活動）

　また、子どもたちは、牛乳直飲み活動以外にも、「スーパーでエコバッグがどれくらい使われているか」調査をしたり、使わなくなった服でエコバッグを作ったり、海洋プラごみをリサイクルした商品やマイストロー等を紹介したり、ポスターを作ったりと、「プラごみ問題」を解決するために、自分たちでできることを思い思いの方法で行った。

　そして、いよいよ一人一人のこれまでの調査や活動をもとに、1月に行われる「つくばっ子の追究」でプレゼンする5分間の内容について、みんなで話し合った。その時、B子がプレゼンの中でみんなに問いかけた「あなたはプラスチックを食べていませんか？」をタイトルに、「自分たちの出したプラごみが、海の中のマイクロプラスチックとして自分の体に戻ってきてしまうこと」「実際に葛西臨海公園でそれを確認できたこと」「この問題を解決するために、牛乳直飲み活動などを自分たちで行っていること」を伝えることが決まった。

　プレゼンするのは全校児童の半分だが、1～6年が対象なので、低学年でもわかるように、寸劇を入れたり、牛乳を直飲みする様子の動画を入れたり、実物を提示したりと「プラごみ問題」をよりよく伝える方法も考えた。

　子どもたちは、「レジ袋をかぶったウミガメ」や「マイクロプラスチックの実物」など「インパクトのある映像」や、「世界の海洋プラごみは、1年間にジャンボジェット5万機分で、2050年に海の魚の数を超える」「2016年に東京湾のカタクチイワシの8割からマイクロプラスチックが検出された」など「数字」を出すと、「プラごみ問題」のことが効果的に伝えられることを学んだ。

　さらに、C男やD子がプレゼンを聞いてくれて牛乳直飲み活動に協力してくれる各学級用にストローの回収箱を作ってきた。

　1月28日、学級みんなでつくり上げた「つくばっ子の追究」のプレゼンは無事終了した。全校児童の半分から150通以上の手紙が届き、ストロー回収箱も快くもらってもらえた。1週間後、早速ある学級から回収されたストローが届き、毎日、子どもたちはその数を数え、自分たちのプレゼンの成果を確認していた。

　2月、引き続きプラごみ問題について追究していくことが決まり、「今後はどのような活動をしたいか」について話し合った。「"つくばっ子の追究"でプレゼンできな

かった残りの半分の全校児童にもプレゼンをしたい！」「"あなたはプラスチックを食べていませんか？"の"あなた"は、この地球上の全ての人だから、駅前や公園、図書館などでもプレゼンをしたい！」「新聞や区役所、都庁などに投書したい！」「YouTubeで配信したい！」「回収したストローを何かに利用したい！」などの声が上がった。

　その中で、最初にできることとして、プレゼンできなかった残りの半分の全校児童向けに、昼休みに講堂を使って、プラごみ問題プレゼン集会をやることが決まった。どうやったら人が集まるかを考え、ポスター作りや各学級への宣伝、さらに前座？のお笑いなどを準備し、2月28日に行うことが決まった。ところが、本校は、新型コロナウイルス感染症予防のため、まさに講堂でプレゼンを行う2月28日から休校となってしまったのである。

(3)　「プラごみ問題」をみんなに伝えたい！（6時間＋課外活動）

　4月下旬、ようやく「Zoom」を使って学級全員の子どもたちと双方向のやりとりができるようになり、「Vimeo」を使った動画配信も始まった。そのような中で、5年生に進級した子どもたちに、学校が始まったらやりたいことを聞いてみると、「講堂でプレゼンをやりたい！」という声が多かった。

　ただ、学校が再開されても、当分は講堂でたくさんの人が集まってプレゼンを視聴するということは現実的に難しい。どうすればよいのだろうか。「この休校期間中に出合った"Zoom"や"Vimeo"などを使って、自分たちのつくった"PowerPoint"やデジカメ動画をもとに、再度、講堂でプレゼンを行いたい！」という声が、子どもたち同士話し合う中で出てきたのである。

　また、「回収したストローは必要としている病気やお年寄りの人たちに寄付したり、リサイクルして新入生へのお祝いのペンダントを作ったりしたい！」「より多くの人にプラごみ問題の深刻さを伝えたいから、コロナが終息したら、公園とかでもプレゼンしたい！」「ネットでより多くの人に向けてプレゼンしたい！」「そもそもなぜプラごみ問題は解決しないのか追究したい！」「コロナとプラごみはどちらかを抑えるとどちらかが増えてしまうらしい。どうすればよいのだろう？」という声も上がった。

　このような子どもたちの思いを実現するためには、様々な「ハードル」（問題）が立ちはだかっている。しかし、「仲間と話し合ったり、ICT機器を持ち寄ったり、協力して活動したりすることを通して解決することができた」というこれまでの学びの経験を生かし、少しでも一人一人の思いを実現できるよう支えていきたい。本単元『あなたはプラスチックを食べていませんか？』は、現在も実践途中である。

　子どもたちには、「みんなが笑顔になる夢のある活動。でも、夢だけで終わらない活動のために汗をかこう！」と投げかけている。

昔話を科学する

志田正訓

01　子どもの思いと活動の概要

　誰もが知っている昔話。しかし、それらの昔話を、科学というフィルターを通して捉えていくと、どのように見えるのだろうか。理科で学習した問題解決の力を活かし、実験や調査をしながらデータを集め、分析を行い、結論を導き出していくことを通して、昔話の新たな読み方につながり、面白さを感じることができると考え、活動を行っていった。

02　主な STEM の活用

S…・理科で学習した問題解決の力を適用する。
　　・観察、実験等を見通しをもって行う。
T…・実験結果を ICT 機器を用いて記録する。
　　・発表の際には、ICT 機器を用いて表現すること。

03　単元の構想（全 11 時間＋課外活動）

単　元	活動の概要	活用した STEM
(1) 先行研究を読む （1 時間）	・『走れメロス』でメロスの通った道のりから、メロスの平均時速を求めた研究を先行研究に位置付け、読んでいった。	
(2) 昔話から、問題を見つけよう （2 時間）	・『さるかに合戦』や、『おむすびころりん』といった、昔話から、自分で調べていきたい問題を明確にし、これから調べていくための見通しをもつ。	・昔話について不思議に思ったことから、調べていく問題を見いだす。
(3) 昔話についての問題を調べていこう （8 時間）	・昔話について自分で調べていこうとする問題について、資料を探したり、実験を行ったりしながらデータを集め、問題について解決していこうとする。 ・問題について調べ、導き出した結論については、発表できるようにまとめ、新しい昔話の解釈として発表する。	・インターネットを用いて、データを探す。 ・実験の記録を残すために動画を作成する。

※導き出した結論を発表していくことについては、新型コロナウイルス感染症の流行

のため、十分に取り組むことができなかった。

04 単元（授業）の流れ

(1) 先行研究を読む（1時間扱い）

　まずは、子どもたちに、昔話を科学することについて触れさせるため、先行研究を紹介した。紹介した先行研究は、『走れメロス』の分析を行った先行研究である。研究の具体を紹介しながら、昔話を科学的に読んでいくことの面白さについて触れることができ、「自分たちもやってみたい」と考えることができた。

　このように、本実践では、すでに行われている優れた研究に触れ、そこから自分なりに調べていきたいことを明らかにし追究していくというプロセスをとった。このようなプロセスは、科学の世界においても行われているものである。

(2) 昔話から、問題を見つけよう（2時間扱い）

　次に、子どもたちが自分で昔話から問題を見いだしていった。学校の図書室で、昔話を読みながら、どのような問題が考えられるかを考え、表現していった。子どもたちが見いだした問題の一例を挙げると、次のようなものがあった。

> ● 「うさぎとかめ」から　　「うさぎはどれくらい寝ていたか？」
>
> ● 「ヘンゼルとグレーテル」から　「お菓子のお家は、何万円するか？」
>
> ● 「おむすびころりん」から　「おむすびはしゃ面を何度で転がるか？」
>
> ● 「かちかち山」から　「泥の舟は本当に勝てないのか？」

図1　子どもたちが見いだした問題の一例

(3) 昔話についての問題を調べていこう（8時間扱い）

　問題を見いだした後、子どもたちが各々調べていく活動を行った。子どもによっては、物語を読み、その記述を根拠に、条件を設定し、計算を行うケースもあれば、同様に物語から条件を設定し、実験を行うケースもあった。いずれのケースにおいても、自分で「調べたい」と思った問題であるため、何とか調べていこうとする様子が見られた。ただし、中にはどうしても調べることができない問題もあり、そのような問題については、違うものに変更を余儀なくされる場合もあった。振り返ってみると、子どもが自分の調べたい問題について取り組み、問題の変更がないようにするためには、教師の支援が不可欠であると感じた。具体的には、問題を見いだした時点で、その問題を解決するための見通しをできるだけ正確にもてるかどうかという点がポイントである。その見通しをもたせる際には、教師があえて、以下の例に示すような制限をつけることも必要であると考える。このような制限は筆者の場

写真　「かちかち山」の木の船と泥舟について調べている様子。

合は、理科において比較的自由度が高い探究活動をする際に用いる。

制限のアイデア①「調べていく問題を予想と検証計画とのセットで提出する」

　問題を見いだした後に、その問題に対して、自分の考えはどうなのかという予想を考えさせることは重要である。その予想がないままに追究する活動を行えば、行き当たりばったりの研究になりかねない。そうではなくて、その問題に対する自分の予想を明確にすることで、そもそもその問題が検証可能な問題なのかという点について自然と考えることができ、もしも予想が立てられない問題であれば、問題について見つめ直す必要が出てくる。

　さらに、予想を立てることができても、それをどのように検証していくかについても明らかにしていくことは必要である。後述のアイデア③とも関連してくるが、もしも学校にないような大掛かりな実験装置の準備が必要な場合に、追究活動を始めたものの、それが準備できないために、実験ができないという事態にならないようにするためにも、どのような物を準備し、どのような手順で実験をするのかということを問題を見いだした時点で明らかにしていくことは、非常に重要である。科学においても、調べていく問題（リサーチ・クエスチョン）と検証計画とを往還しながら、研究について具体化していく過程はよく見られる。

　なお、検証計画を作成する際に子どもたちが考える項目としては、以下のようなものが考えられる。

●自分の予想　　●実験の目的　　●実験に必要な物　　●実験の手順

●結果の見通し　　●その結果からどのようなことが言えそうか

制限のアイデア②「時間で区切る」

　本実践が、学校での活動である以上、授業時間を使っていく上で、時間的な制約があることは子どもたちにも伝え、共有する必要がある。例えば、「実験は準備から結果を記録するまでを●時間とします」といったことは、あらかじめ教師側が見通しをもっておき、子どもたちと共有することが考えられる。そのあらかじめ設定した時間を過ぎても、データが出ないようであれば、家庭学習として子どもたちに課すことも考えられるし、休み時間等を使用することも考えられる。筆者の経験に基づけば、計算が主となる研究については、それほど時間を必要としないが、物を準備し、実際に実験を行うという場合には、相応の時間が必要となると考える。

制限のアイデア③「物で区切る」

　先述の制限のアイデア①とも関連するが、準備する物を明確にしていくことは、特に実験を通して調べていく際に重要である。教師の指示としては、例えば、「家にあるものと、教室の中にあるものが使えます」といったことや、「理科室にあるもの

は、前もって、●●●を調べていくために、●●が必要ですと伝えておけば、借りることができます」といったことが考えられる。

制限のアイデア④「倫理的観点で区切る」

　昔話の中には、生物の生死を取り扱ったものもある。それらを問題に関連させていく場合には、むやみに生物の生死を取り扱うことがないように注意が必要である。むしろ、そうならないようにするためにも、問題を見いだす段階で、「命を粗末にするような研究はやめておきましょう」といったような声かけをしておく必要がある。

　なお、実際に制限をかけていく際には、これら全てを適用するのではなく、学校における教育活動全体の中でその活動に許される時間配分や子どもや学校の実態に応じて判断していくことが重要である。

　このように制限を加えながらも、子どもたちが問題について調べていく中で発見したことについては、教師が価値づけ、周りに伝えていくようにする。そのためにも、時には中間発表と称して、研究の進捗状況について発表する場を設けることが考えられる。

　また、本実践においては、その成果の一部を、本校で行われる学習発表の機会において、劇の中の一場面という形で発表を行った。

　このように、単に研究をして自分なりの知見を得て学習を終えるというだけではなく、その研究の成果を発表できるような場を他の行事と関連させたり、学校内の誰もが目にする場所に掲示したりすることにより、達成感がより生まれると考える。このように発表の場についても、教師側が見通しをもっておき、事前に伝えていくことで、子どもたちの研究していこうとするモチベーションの維持につながると考える。

本実践で用いた先行研究
村田一真（2013）「メロスの全力を検証（一般財団法人理数教育研究所　塩野直道記念第1回『算数・数学の自由研究』作品コンクール塩野直道賞受賞作品」Retrieved from https://www.rimse.or.jp/research/past/winner1st.html（accessed 2020.07.01）

笑いを科学する

盛山隆雄

01　子どもの思いと活動の概要

　4年生のときに「走れメロス」というシリアスな劇をつくり、保護者に披露することで達成感を得た。その後、子どもたちに「次は喜劇をつくりたい」という思いが生まれたので、5年生の総合活動で取り組むことにした。様々な「喜劇」のビデオ映像を分析する際に、エクセルでグラフに表して特徴を分析したり、自分たちの劇をiPadで撮影して評価したりしながら喜劇づくりに取り組んだ。

02　主なSTEMの活用

T…・iPadで劇を撮影し、劇の分析や改善を行う。
　　・エクセルを用いてグラフを作成。ワードを用いてシナリオを作成。
M…・表やグラフに表して「お笑い」の分析を行う。

03　単元の構想（全23時間＋課外活動）

単　元	活動の概要	活用したSTEM
(1) 本物から学ぼう！ 　　（全5時間＋課外）	・全員で吉本新喜劇を見に行く。 ・吉本の芸人さんにご指導をいただく。	
(2) 「お笑い」はどうやってつくるの？ 　　（全8時間）	・吉本新喜劇、漫才、落語、ミスタービーンなどのVTRを視聴して、どうすることで笑いが起きるのかを分析する。	・ビデオを視聴し、表やグラフに表して「お笑い」を分析する。 ・エクセルを用いてグラフに表す。
(3) グループで「お笑い」をつくろう！ 　　（全10時間）	・ワードを用いてシナリオを作成する。 ・自分たちでつくった「お笑い」をiPadで撮影し、視聴し、評価し、改善していった。	・ワードでシナリオを作成。 ・iPadで「お笑い」を撮影し、改善に役立てる。

※クラス全体での「喜劇づくり」は、新型コロナウイルス流行のため、取り組むことができなかった。

04　単元（授業）の流れ

(1)　本物から学ぼう！（5時間扱い）

　どうやってお笑いをつくるかについては、いろいろな意見が出された。その結果、

まずは「一流の喜劇をみんなで見よう！」ということになった。ビデオで見るのではなく、本物から学ぶという意見に皆賛同したのである。

話し合いの結果、新宿で見ることができる吉本新喜劇を観劇することになった。これについては、学校、保護者の了解を得た上で、休日の土曜日に全員で観劇をすることができた。

観劇を終えた際、吉本新喜劇の座長である石田靖氏が現れ、子どもたちに話しかけてくれた。子どもたちは、とても感激し、吉本新喜劇を見た感想を伝えることができた。翌週月曜日の総合活動の時

クラス全員の願いを込めて石田靖氏への手紙に同封した集合写真

石田靖氏はじめ芸人さんたちが来校して指導している様子

間に、「石田さんにお笑いを教えてもらえないか」という意見が出た。そこで、思いだけでも伝えようということになり、上のような写真とともに、一人一人が書いた手紙を送った。

その週末の総合活動の時間に、石田靖氏が同じ新喜劇の芸人を2人連れてサプライズの訪問をしてくださった。

※新喜劇を観劇することが決まった時点で、観劇後に石田靖氏が子どもたちに言葉をかけてくださることや、学校を訪れてくださることは計画していたが、子どもたちには知らせていない。

石田靖氏から学んだことは、次のような笑いの基本についてであった。

【笑いの基本】
1.「常識的な振り（言動）」 2.「常識外れのボケ」 3.「即座のつっこみ」

指導を受けた後、吉本新喜劇を見て学んだこと、石田靖氏はじめ3人の芸人さんたちから学んだことをノートにまとめる作業をした。この一連の5時間で、まさに本物から学ぶということを子どもたちは体験したことになった。

（2）　お笑いってどうやってつくるの？（8時間扱い）

　1時間目～2時間目にかけて、お笑いをどうつくるかについて考えた。

　子どもたちが悩んでいたときに、吉本新喜劇のVTRを流した。みんなで観劇した内容とは異なるもので、子どもたちはそれを食い入るように見た。

　「どんなときに笑いが起きているのかな？」という発問をして、ノートにメモを取るようにした。そして、たった9分ほどの映像であったが、その間に何度笑いが起きたかも数えた。なんと47回も笑いがあった。

　3～5時間目には、その笑いが起きる観点を次のように整理していった。

①	**言葉のボケ**	・反対のことを言う。　　・言い間違える。 ・タイミングをずらす。　・うそを言う。 ・言葉の意味を変える。　・失礼なことを言う。
②	**動作のボケ**	（扉をける。いすを引いて転ばせる。店員が商品を食べる。など）
③	**ありえない理由・根拠**	（例、扉を蹴って入ってきたときに、「手がふさがっているもので」と理由を言う）
④	**劇の中でのコント**	・一人でボケとつっこみ。　・登場人物のまね。 ・回想シーン　・舞台上の他の登場人物にはわからないようにするが、観劇しているお客さんにはわかるように舞台上で打ち合わせをする。 ・歌で面白く伝える。
⑤	**固定したギャグ**	（「じゃまするなら帰ってや」「ローテーショントーク」など）
⑥	**ダジャレ**	（おやじギャグ）
⑦	**急にテンションを変える**	（急に神妙な顔つきで「かしこまりました」など）
⑧	**同じ笑いを繰り返す**	
⑨	**表情を変える**	
⑩	**笑ってごまかす、または沈黙**	
※	人をいじる	・個人のマイナスの特徴を何かにたとえる。

　6時間目～8時間目には、笑いが起こる観点別に笑いの回数を数えて、「お笑い」の分析に取り組んだ。その際、子どもから「グラフにしたらよりわかりやすい」という意見が出てきたので、グループごとにタブレットPCを活用し、エクセルを用いて棒グラフに表してみた。

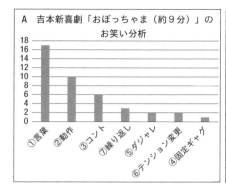

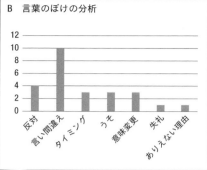

　Aのグラフは、吉本新喜劇「おぼっちゃま」のある場面についての分析である。

　これを見ると、明らかに「言葉のボケ」による笑いが多いことがわかった。最初は、「言葉のボケ」というものを一括りに考えており、言葉に関連したことで笑わせたら笑いの1回として数えていたのである。しかし、ある子どもが「言葉のボケもいろいろあるから、もっと詳しく調べてみよう」と言い出した。そこで、改めて「言葉のボケ」に絞って、どのような種類の「言葉のボケ」があるのかを考えることにした。

　Bのグラフは、その「言葉のボケ」をさらによく観察し、「言葉のボケ」の種類別に笑いの回数を数えて表したものである。これを見て、わざと言い間違える「言葉のボケ」が最も多いことがわかった。

（3）　グループでお笑いをつくろう！（10時間扱い）

　4人ずつのグループに分かれて、脚本づくりから始まった。脚本づくりは難しかったので、子どもたちとの話し合いによって、全くのオリジナルでなくてもよいことにした。

① 昔話をアレンジしてつくる。
② 今まで見た吉本新喜劇を真似てつくる。
③ 自分たちのオリジナルな脚本をつくる。

　①と②でつくることもよいことにしたら、子どもたちの脚本づくりは進んだ。そして、大切なのは、すぐにやってみること。脚本がある程度進んだら、その場面を実際に演じて

初等教育研修会の提案授業で小喜劇を披露する子ども（2020.2.14）

みる。その様子をiPadで撮影し、自分たちで見直し、改善していく、といったように、脚本づくりと演技を同時進行で進めるようにした。

るるぶ Kids で東京のおすすめスポットを紹介しよう

桂　　聖

01　子どもの思いと活動の概要

　2019 年 1 月、JTB の「るるぶ Kids」という新しいウェブサイトが開設された（https://kids.rurubu.jp）。「家族（パパ、ママ、子ども）に役立つお出かけ情報」を掲載するものである。「るるぶ」とは、「るるぶ」とは、「見【る】」「食べ【る】」「遊【ぶ】」の略語。旅行における楽しみを合わせたもの。「るるぶ東京」「るるぶハワイ」など、旅行のガイドブックが有名だ。JTB パブリッシングが出版している。

　本単元では、子ども一人一人が、ウェブサイト「るるぶ Kids」のライターとして、東京のおすすめスポットの紹介記事を書く。東京を旅行する家族のために、自分が選んだ独自スポットを紹介することに、子どもはやりがいを感じたようだ。

02　主な STEM の活用

T‥‥・デジタルカメラやタブレットで取材をする。
　　　・ワープロソフトで記事を書いたり推敲をしたりする。
E‥‥・自分たちが書いた記事を企業のウェブサイトに掲載してもらう。

03　単元の構想（全 15 時間＋課外活動）

単　元	活動の概要	活用した STEM
(1) 計画を立てる（3 時間）	・JTB パブリッシングの編集長を招いて、記事の書き方を学ぶ。	
(2) 試しの記事を書く（6 時間）	・クラス全員で一つの場所を取材する。 ・PC やタブレットで試しの記事を書く。	・デジタルカメラやタブレットで取材をする。 ・ワープロソフトで記事を書く。
(3) 自分の記事を書く（4 時間＋課外）	・夏休みに一人一人が取材をして記事を書く。 ・記事を読み合ったり校正したりする。	・デジタルカメラやタブレットで取材をする。 ・ワープロで記事を書いたり校正したりする。
(4) 掲載された記事を読み合う（2 時間）	・ウェブサイトの記事を読み、活動を振り返る。	・ウェブサイトに掲載してもらう。

04 単元（授業）の流れ

（1） 計画を立てる（3時間扱い）

JTBパブリッシングの編集長を招き、「るるぶKids」の記事の書き方に関する説明を聞いた（図1）。

ガイドの基本は「事実」。まずは、「客観的」で「正確」な事実を伝えることが大切になる。ただし、共感を生むには、「私はこう思う」などの「主観的」な情報も必要になる。そこで、5つのポイントに注意して記事を書く。

図1　編集長との対話

●具体的な事実を書く。
●数字を入れる。
●キャッチコピーを工夫する。
●豆知識を入れる。
●目的に応じて写真を使う。

（2） 試しの記事を書く（6時間扱い）

まず、東京都江東区にある「そなエリア東京」に行き、クラス全員で試しの取材をした。担当の方の話をメモしたり、デジタルカメラやタブレットで写真を撮影したりした（図2）。

次に、その取材内容をもとに、一人一人が、PCやタブレットを使って試しの記事を書いた。また、互いに紹介し合ったり、編集長からのアドバイスを聞いたりした。

PCやタブレットを使って文章を書くのは、初めての学習活動である。それぞれが苦労しながら書き上げた。原稿を書く段階になって、必要な写真がない、必要な情報がわからないなど問題点も生まれた。こうした反省は、次に行う自分の活動に生かすようにした。

（3） 自分の記事を書く
　　　（4時間扱い＋課外）

夏休みの学習活動として設定した。一人一人が調べたい場所の記事を書いてくる。1クラス31人なので、31種類の紹介記事ができあがった。

図2　タブレットを用いた取材

(4) 掲載された記事を読み合う（2時間扱い）

紹介記事の例を紹介しよう。

まず、図3は、文京区にある「金魚坂」という金魚屋である。金魚釣りができたり、カフェで過ごせたりするそうだ。ガイド本では取り上げられていないレア情報である。

金魚坂で何をする!?

おすすめは金魚や鯉を釣る事ができる釣り堀です。釣りが好きな人や、釣りはやったことがなくても、興味がある人はぜひチャレンジしてみてください。釣りのほかに、金魚すくいもあります。釣れた数やすくえた数によってメダカや金魚がもらえますよ！

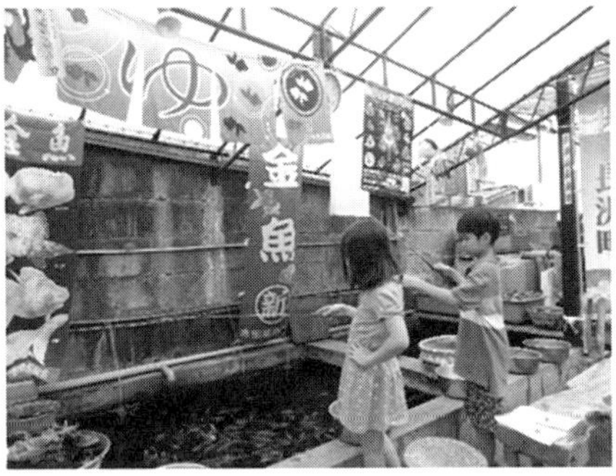

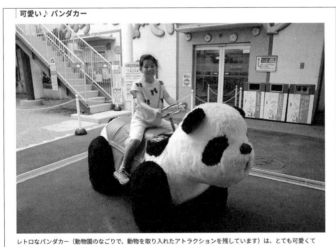

図3 「金魚坂」の記事

図4は、遊園地「浅草花やしき」。ジェットコースターなどの有名な乗り物だけではなくて、小型の乗り物も取り上げた。子ども目線のオススメ記事だといえる。

可愛い♪ パンダカー

レトロなパンダカー（動物園のなごりで、動物を取り入れたアトラクションを残しています）は、とても可愛くて200円を入れるとパンダが動き出して、丸いハンドルで操作ができる仕組みです。小さい子も大人も思わず抱きつきたくなるフワフワのパンダカーに、ぜひ一度乗ってみてはいかがですか？

図4 「浅草花やしき」の記事

ウェブサイトでは、31のおすすめスポットが、次のカテゴリーで分けられている。

◆東京で遊ぶ　～遊園地・テーマパーク編～

●浅草花やしき　●MEGA WEB　●東京サマーランド
●手裏剣道場 新宿 忍者からくり屋敷　●ナンジャタウン

◆東京で遊ぶ　　　～動物園・水族館編～
　　　　　　　　●マクセル　アクアパーク品川　●しながわ水族館
　　　　　　　　●江戸川区自然動物園
◆東京を知る　　　～江戸・東京編～
　　　　　　　　●金魚坂　　●浅草寺　●日の出桟橋
　　　　　　　　●松陰神社　●江戸東京博物館
◆東京でくつろぐ　～東京23区の公園編～
　　　　　　　　●清澄庭園　●舎人公園　●石神井公園　●代々木公園
◆東京でくつろぐ　～東京都下の公園編～
　　　　　　　　●小金井公園　●夕やけこやけふれあいの里
　　　　　　　　●国営昭和記念公園
◆東京で学ぶ　　　～見学・博物館編～
　　　　　　　　●マヨテラス　●お札と切手の博物館　●切手の博物館
　　　　　　　　●日本科学未来館　●たばこと塩の博物館　●貨幣博物館
◆東京で学ぶ　　　～体験スポット編～
　　　　　　　　●LUXURY FLIGHT　●警察博物館　●わんぱく天国
　　　　　　　　●科学技術館　●環境ふれあい館ひまわり

有名なスポットもあるが、大人目線ではなくて、子ども目線の情報が満載である。
振り返りでは、次のような記述があった。

●東京の魅力を再発見することができた。
●地元の公園でも、新たな発見があった。
●一番勉強になったのは、読者にどのようにわかりやすく説明できるかである。
●コンピューターを扱うのが苦手だったが、先生や友達にアドバイスをもらって、
　自分ではかなり良いものができた。
●次にやる時は、写真の質を気にしたい。

　東京の紹介が目的だったが、結果として自分自身の東京の再発見を促している。目
的に応じたICT機器の効果的な活用にも気づいている。
　実を言うと、子どもたちは、こうしたおすすめスポットを探してくるのには慣れて
いる。本校では、毎年11月に「きょうだい遠足」がある。基本的には、上学年のク
ラスが、遠足の行き先を決めて、下学年のクラスを案内するという遠足である。「安
い」「近い」「楽しめる」場所を探すのは、そもそも得意なのである。今回の活動は
「きょうだい遠足」の発展版だったともいえる。
　ウェブサイト（https://kids.rurubu.jp/article/21528/）で、子どもたちの記事をぜ
ひ読んでいただきたい。

自らの足跡を歴史に残す卒業プロジェクト

加藤宣行

01　子どもの思いと活動の概要

　2020年11月、6年生を担任していた私は、卒業に向けて彼らに何らかの「足跡」を小学校に残してほしいと考えていた。もちろん、卒業記念的な制作やイベントは様々な実践があるであろうが、この年はそれに加えて「コロナ禍の」という事情があった。

　残念なことに、この年はコロナの感染状況が上げ止まりの状況が続き、6年生の大きなイベントである富浦で行われる遠泳実習も、3泊4日の宿泊合宿も、運動会も次々と中止となってしまっていた。そして、これから迎える卒業旅行までもが風前の灯火だったのである。感染予防対策を取りながらの学校生活、イベントがことごとく中止になってしまった閉塞感、これらを少しでも打破して、新鮮な空気を吸わせたい、そんな思いもあった。

　そのような思いを、「あなた方がこの学校で過ごした証しを、あなた方のやり方で残してほしい」と子どもたちに伝えたのである。

02　主な STEM⁺ の活用

T‥‥・ネット検索で必要な情報を得て、活用する。
　　　・タブレット端末を用い、必要なメディアを活用しながら校内放送に役立てる。
+‥‥・自分たちに何ができるか、在校生にとって必要なことは何なのか、その整合性を吟味し、協議しながら方向性を探る。

03　単元構想

単　元	活動の概要	活用した STEM
(1) プロジェクト企画	・各種プロジェクトを実施するために、調べ活動や必要な情報を得る。	・iPad を使ったインターネットの検索
(2) プロジェクト練習・準備	・記念植樹チームは事前に最適な樹木の選定をしたり、植樹する場所の使用願いを校長室にかけ合ったりする。 ・校内放送チームは、本番のオンエアのための音楽の選定や、シナリオ作りやトークの練習をする。	・iPad を使ったインターネットの検索

（3）プロジェクト実践 　①全体活動 　②グループ活動	①クラス全体で共同作業 ②グループ別の作業や実演、掲示など	

04　単元（授業）の流れ

（1）　プロジェクト企画（5時間）

　卒業まで5か月となった11月、子どもたちは卒業プロジェクトとして話し合いを始めた。子どもたちは何をしたいか、何ができるか、何をするべきなのか、そしてそれをすることで誰をどのように幸せにするかを考えた。

　そこから生まれたプロジェクトは、①池掃除　②校内放送　③校内掲示　④校内ギネス　⑤学校かるた　⑥記念植樹　の6つであった。

　各自がどのチームに所属するかを希望で決め、見通しを立てた。その中で、①池掃除と②校内放送は全員の力が必要だと判断し、チームメンバーが中心となることはもちろんであるが、実施は全員で行うこととした。

（2）　プロジェクト練習・準備

　各プロジェクトチームは、それぞれの「本番」に向けて準備や練習を始めた。

　具体的に言うと、池掃除チームは、水抜きや周辺の整理や道具の準備、校内放送チームは放送内容の確認、割り振り、オンエアの練習などである。

池掃除チームの下準備

かるたチームの活動

　クラス全体で池掃除を行う前に、水を抜いたり、泥をかき出したりして、作業がスムーズに進むようにしている池掃除グループの活動風景。

　校内の名所や再発見につながるような場所やエピソードをかるたにしていった。まずはネタ探しから始まった。

（3） プロジェクト実践
① 全体活動

　池掃除は、思いのほか水抜きや泥処理に時間がかかり、全員での一斉作業の日取りが12月の中旬にまでずれ込んでしまった。作業をする6年生を見て、下級生の子どもたちが、「自分たちも6年生になったらやりたい」と話していたことが印象的であった。

　多くの先生方の知恵や力も頂きながら、ようやく掃除が終わり、水を入れる。透明になった水面は、水底まで澄み切っていた。その後も誰が言うともなく、折あるごとに池の状態を確認し、メンテナンスを続ける子どもたちの姿は、私の目には達成感と満足感があふれているように映った。

② グループ活動
〈校内放送チーム〉

　校内放送チームは、給食の時間帯に「アナウンサー」を割り振り、交代で全校放送を続けた。コンテンツとしては、リクエスト曲を募ってかけたり、自らのピアノ演奏を流したり、下級生へのメッセージを語りかけたりとバリエーションに富んだものとなった。トーク力もなかなかのもので、下級生は楽しみにしてくれていたようである。

〈校内掲示チーム〉

　校内掲示チームは、まずは校内を回ってポイントとなる場所をまとめ、その場所の解説や歴史を一枚のシートにまとめた。まとめた用紙をパウチ加工して補強し、許可を得て掲示していった。

　本来は、本校に来校されたお客様方に見ていただき、学校をより深く理解していただきたいという思いもあったが、コロナの影響で外部の方が入校する機会がほとんどなくなってしまったことは、残念であった。その分、在校生が読んでくれていることと思う。

ギネスチームは、当初は世界ギネスにみんなで挑戦したいという意向も持っていたが、最終的には全校児童が取り組みやすい種目やルールを考えて、チャレンジを働きかけることになった。

まずは自分たちで種目を決め、それにチャレンジして記録を残し、その記録に挑戦してもらったり、順位を上げることを励みにしてもらうような投げかけをしていった。

〈記念植樹チーム〉

記念植樹チームは、いろいろ調べた結果、「オオデマリ」という低木を植えることに決め、校長室の許可をもらって植樹場所を決めた。

それに伴い、全員のサインと在校生へのメッセージ入りのプレートを作成し、同じ場所に立てることにした。

はじめは中庭の広場に植えたのだが、その後紆余曲折を経て、図工室前の花壇内に移植することになった。場所的には、人の出入りが少ない場所に落ち着いた感じである。

植樹をして1年たつが、小さいながらもしっかりと根をつけ、春には白い花を咲かせて見る者を和ませてくれている。

このように、彼らの「4部6年の証し」は、今の学校にも息づいている。

音楽×映像×総合

平野次郎

01　概要

　この活動は音楽科、図画工作科、そして総合活動の内容や時間を横断的に活用しながら、子どもが本来もっている創造性を最大限に発揮させることを意図した活動である。そのため、活動の条件やそこにかける活動時間など、教科の枠にとどまることなく、子ども自身が納得するまで追究することができるような学び方を探っていった。また、音楽はアナログで、そして映像はアナログとデジタルの両方の視点でつくり上げることで、子どもがアナログとデジタルのそれぞれのよさに気づきながら学び進めることを目指した実践である。

【STEM⁺の視点】

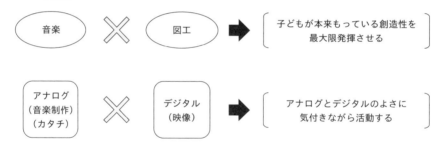

02　ねらい

【音楽科】

　グループ編成や楽器選択、音楽の構成などを考えながら、これまでに獲得した知識や習得した技能などを最大限活用して、30～60秒程度の音楽をつくる。

【図画工作科】

　輪ゴムとピンがつくりだす形の特徴や変化を捉えながら、自分たちの音楽の様子から動きを考えてアニメーションに表す。

03　主な STEM の活用

T…自分たちがつくり上げた音楽に合わせて、iPad（アプリケーションソフト：Stop
　　Motion Studio）を活用してアニメーションを制作する。

A…何もないゼロの状態から、試行錯誤を繰り返しながら一つの音楽をつくる。

L…自分たちのこだわりが相手に伝わるかどうかを見直しながらつくり上げる。

04 活動の流れ

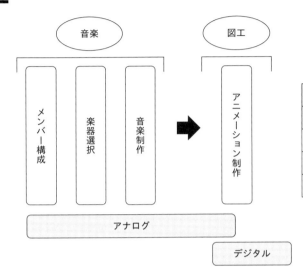

【指導時数】	
教科	授業時数
音楽科	4
図画工作科	4
総合活動	2

05 授業の流れ

(1) メンバー構成、楽器選択

音楽づくりの活動を行う際、時間的な制約やねらいなどを見極めながら、教師が活動の条件を複数示すことが多い。しかし、今回は「30 〜 60 秒の音楽」という長さの条件のみを伝え、まずはメンバー構成を自分たちで決めることから学びをスタートさせた。

メンバー構成についての考え方は、人数を指定する、技能のバランスを考える、男女比を同じにするなど様々あるが、6 年間の集大成という位置付けもあり子どもたちに任せることにした。意図したメンバー構成ではなく、「その場で偶然集まったメンバーで何ができるのか」というような考え方も、「STEM⁺総合活動」では必要である。

10 分程度でメンバーが決まり、活動は楽器を選択する場面へと移る。通常の音楽づくりであれば、旋律を扱う場合はリコーダーや鍵盤ハーモニカ、リズムを扱う場合は小物の打楽器など、楽器の指定（条件）があるが、ここでは楽器選択も子どもたちに委ねることにした。

楽器選択の場面を丁寧に観察すると、自分が好む楽器を選択する子がいる一方で、グループ内での楽器のバランスを見ている子もいた。また、音楽室で複数のグループが同時に活動をすることを考えて、ピアノ、ドラムなどの楽器は隣り合うグループへの影響を考えて見合わせる傾向にあった。これらを一つの資質・能力とするならば、同じ環境下でありながらバランスを見て判断する力、自らの影響について配慮する力

など、「共に幸せに生きていくため」には、育てていきたい資質・能力の一つである。

各グループが選択した楽器は次の通りである。

	選択した楽器
A	リコーダー、鍵盤ハーモニカ、木琴＋鈴、ウッドブロック、アゴーゴーベル
B	鍵盤ハーモニカ、鉄琴、バスウッドドラム、トーンチャイム、タンバリン
C	鍵盤ハーモニカ、木琴＋鈴＋タンバリン、バス木琴
D	鍵盤ハーモニカ、ミニグロッケン
E	木琴、鉄琴、トーンチャイム、タンバリン

これまでを振り返ると、メンバー構成や楽器選択など、音楽をつくり始めるまでに1時間を要することになるのだが、その過程においても子どもたち一人一人の小さな問いやグループの問いなどを解決していく姿が見られたことが大きな成果であった。

(2)　音楽制作

楽器選択を終えて、いよいよ音楽をつくり上げていく。音楽づくりの活動は、何もないゼロの状態からつくり上げていくことが基本である。しかも、今回はメンバー構成、そして楽器選択も含めて子どもたちに委ねているので、限りなくゼロの状態に近いと言っていいだろう。

実際につくり上げていく最初の段階で各グループの様子を見ていると、2つの共通点があることがわかった。一つは、実際に音を出しながら試行錯誤していることである。私のこれまでの経験では、音楽をつくり上げる最初の段階で、いわゆる「話し合い活動」が長いと、その後の活動が停滞したり、グループの雰囲気が低下したりすることがある。だからと言って、「言語活動を取り入れない」とまでは言わないが、音楽科の活動の特性を考えると、まずは実際に音を出しながら試すことの方がうまくいくことが多いのである。

もう一つの共通点は、自分がもっている楽器の特徴を考えながら、「どのような役割を担うことができるのか」を考えていることである。様々な楽器を用いて音楽をつくる際、全員が旋律を担うことも一つだが、「自らが選んだ楽器でどのようなことが

音楽づくりの活動の様子（Aグループ）

音楽づくりの活動の様子（Bグループ）

できるのか」という視点をもつことは大切である。これは、音楽に限らず、学校生活のみならず、社会生活においても「自分がどのような役割が果たせるのか」という視点は、これからの時代には、今まで以上に求められるのである。

(3) アニメーション制作

　30秒の音楽をつくり上げた各グループは、「Stop Motion Studio」でアニメーションをつくる活動に向かうところであったが、2020年2月27日の「全国一斉休校」の要請により、この活動の実現は叶わなかった。この図画工作科の活動の詳細は、雑誌『教育研究』2015年11月号（笠雷太教諭「研究発表」）をご覧いただきたい。

【作品ア】

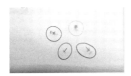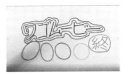

【作品イ】

（ここでは以前の子どもの作品を掲載）

06　今後の展望

　今回の「STEM⁺総合活動」は、音楽づくりの活動を起点にして行った。また、アナログとデジタルの融合を念頭に置いていたが、例えば、アニメーションづくりを先行して、そこに音楽を加えていく活動やアニメーションも音楽もデジタルを基本にする活動なども考えられる。また、GIGAスクール構想で1人1台環境が整った今、「一人でつくる」という選択肢も可能である。しかし、全て一人で、そしてデジタルで完結するというような学び方は、今後の「STEM⁺総合活動」の発展を考えると適さないかもしれない。デジタルとアナログの融合、そして個別的な学びと協働的な学びについて、本実践をきっかけに考えていただければ幸いである。

子どもが決めていく
「きょうだいタイム」

中田寿幸

01　子どもの思いと活動の概要

　6年生が1年生と一緒に遠足を楽しむ「きょうだいタイム」。その行き先は6年生自身が決めていく。遠足の候補地を絞る際、自分の行きたい候補地のよさを伝えるために、実体験をもとに本やインターネットで調べ、提案していく。提案の度に質問や、提案の不備が見えてきて、調べ直す。仲間に共感してもらい、納得してもらい、合意形成していくために、必要な情報を集めて、筋道立てて提案していく。

　遠足の候補地が決まったら、クラス全員で下見に行く。実際に見てきた情報と、新たに加えた情報をもとに、「きょうだいタイム」当日の行き先とスケジュールを決め、実施していく。

「きょうだいタイム」活動のねらい

①縦割り集団活動の中で、健康・安全に配慮しながら、ペア学年や各グループの個性があふれる「オリジナリティ」に富んだ活動を展開する。

②異学年集団の交流の中で、「自分らしさ」に自信をもち、進んで発揮するとともに、相手の「その人らしさ」を認める優しさを育てる。

③子ども自身が見通しをもって企画立案、計画実行できる力を養う。

02　主な STEM の活用

T…インターネット等を活用したり、現地を下見したりして必要な情報を収集し、自分の思いや考え、判断したことをプレゼンテーションする。

E…行き先を決め、当日のスケジュールを決め、1年生が楽しめる「きょうだいタイム」を計画、実行する。

03　単元の構想（全31時間＋課外活動）

単　元	活動の概要	活用した STEM
(1) 行き先の候補地を決めよう（5時間＋課外）	・インターネット等を活用して自分のお気に入りの候補地をプレゼンテーションし、候補地を3つに絞る。	・インターネットの利用 ・資料を作成し、プレゼンテーションする。
(2) 下見をして、行き先を1つに決める。（12時間＋課外）	・現地の下見を行いながら、調べ直し、候補地をプレゼンテーションする。 ・行き先を1つに決める。	・資料を作成し、プレゼンテーションする。

(3)「きょうだいタイム」に行こう（14時間）	・再度の下見を行い、当日のスケジュールを決め、1年生に説明する。 ・「きょうだいタイム」を実施する。	・「きょうだいタイム」の一日のスケジュールを決め、実行する。

04　単元（授業）の流れ

（1）　行き先の候補地を決めよう（5時間＋課外）

　子どもたち一人一人が行きたい場所を調べて決める。これまで経験してきた「きょうだいタイム」での行き先や、家族で遊びに行った場所、本やインターネットで調べた場所など、情報ソースは様々だが、子どもが行き先を決めてクラス全体に提案する。はじめはただ行きたい場所を出し合うだけであった。そこで、きょうだいタイムにふさわしい場所として、次の3点を考えに入れるように伝えた。

① 　1年生を連れていくのだからできれば近い方がよい。

② 　かかる費用は少ない方がよい。お金をかければ楽しくなるのは当たり前だが、お金をかけなくても工夫して楽しい活動になるようにする。

③ 　きょうだいタイムは雨の日も中止にはならない。雨の日コースも同時に考える。その際、雨の時の昼食の場所も考える。

　子どもたちは日記に自分の考える遠足スケジュールを書き、プレゼンテーションを行った。修正を加えながら、繰り返して提案していった。

　このプレゼンを始めたのは5年生のきょうだいタイムが終了してすぐだった。3年生のときに連れていってもらって楽しかったことをクラスで共有する中で、「来年は1年生を連れていく」という話題になった。「今のところ行きたいところはどこ？」と聞くと、10か所ほどが出された。そこから、どんなところか調べる活動が始まった。

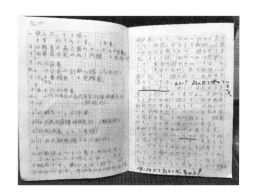

　プレゼンは朝や帰りのクラスの時間や総合の時間を使って行った。プレゼンの検討を繰り返していく中で、候補地は3か所に絞られた。

　候補地Ⅰ　上野公園、動物園、科学博物館
　候補地Ⅱ　北区飛鳥山公園と3つの博物館
　候補地Ⅲ　新宿区おもちゃ美術館と新宿御苑

（2）　下見をして、行き先を1つに決める（12時間＋課外）

① 候補地の下見を行う

　候補地となった3か所にはクラス全員で下見に行った。本校では学校から1時間ほどの保谷農場にクラス単位で出かける行事がある。5月のさつまいもの苗さし、7月

のじゃがいも掘り、10月のさつまいも掘りである。この3回の午前中を候補地の下見にすることが可能であることを子どもたちには伝えた。

　5月30日の保谷農場でのさつまいもの苗さしの前に飛鳥山公園に行った。6年生だけだったが、遊具を使って鬼ごっこをしながら、1年生も楽しく遊べる場であることを確かめた。しかし、雨のときの避難場所に考えていた飛鳥山公園の3つの博物館（飛鳥山博物館、紙の博物館、渋沢史料館）は6年生にとっては学ぶことが多かったが、1年生には難しいということが現地に行ってみてわかった。これにより、雨のときに過ごす場所を検討することが必要となった。

　7月3日は保谷農場でのじゃがいも掘りの前におもちゃ美術館と新宿御苑の下見に行った。おもちゃ美術館には定番のおもちゃからめずらしいおもちゃまでたくさんのおもちゃがあり、実際に遊ぶことができる。けん玉やこまなどの昔のおもちゃもあり、指導員の方が遊び方を教えてもくれる。天気が悪ければ、じっくり美術館を楽しめるし、食事も館内で食べられる。天気が良ければ近くの新宿御苑でお弁当を広

げ、広い芝生で遊ぶこともできる。しかし、遊具がなかったり、ボールが使えなかったりするのが飛鳥山公園よりもマイナスなところであることがわかった。

　上野公園の下見はこの時点では必要がないこととなった。上野公園の中にある上野動物園には4年生のときにすでに行っていた。算数の授業で素材となったパンダのシャンシャンに会いに行くためであった。動物園のほかにも、博物館、世界遺産の国立西洋美術館等も回り、昼食はアメヤ横丁で食べ歩くこともした。外国の人に声をかけながら、どこの国から来たのか尋ねる学習は英語学習の発展として、総合の時間に取り組んでいた。

② 行き先を決定する

　2か所の下見に行き、1か所はすでに知っているところということで、夏休みに入る前に行き先を決めることとした。夏休みが明けると清里合宿があり、運動会の練習が1か月続く。期間休みをはさんで10月の末に今度は事前の下見に行く計画になっていたからであった。

多数決の結果、「四谷のおもちゃ美術館＋新宿御苑」が１位になり、飛鳥山公園が２位、上野公園が３位となった。

１位になった四谷のおもちゃ美術館に予約の打診をしたところ、「狭い館内で一般の小さい子どもたちがいる中で、１年生と６年生合わせて60名以上は安全確保ができないので、受け入れられない」という連絡が入った。子どもたちは残念がったが、すぐに次の行き先を考えた。おもちゃ美術館がだめであれば、飛鳥山公園になる。しかし、雨のときには困る。そこで、雨のときには行き先を第３位の上野公園ということになった。しかし、その後、晴れの日も雨の日も同じ集合場所、同じ解散場所の方が１年生が迷わなくてよいという考えから、晴れの日は学校集合、飛鳥山公園で遊んでから上野公園、雨の日は学校集合のあと、飛鳥山公園に行かずに直接上野公園に行き、上野動物園と科学博物館で過ごすという計画になった。

(3) 「きょうだいタイム」に行こう（14時間）

① 当日の行程等を確かめるためにクラス全員で下見に行く

飛鳥山公園と上野公園の両方に行くために、実施の３週間前の10月17日に１日かけて下見に行くこととなった。

下見当日は午後から雨となってしまった。しかし、上野公園の動物園、科学博物館での過ごし方、昼食場所などを確かめるにはよい天気となった。

② 当日の行程を決め、しおりを作成し、１年生に伝える

下見をもとに、当日の行程を決定した。なお、飛鳥山公園でどれだけ遊び、昼食をどこでとるか、いつ上野公園に移動するのか、動物園にはどのくらいいるのか等のスケジュールはグループごとに決めていった。

決まった行程を１年生に伝えるために、６年生は自作の「遠足のしおり」を作った。

10月30日の朝の活動の時間にペアの子に「しおり」をもとに行程、持ち物等の連絡を行った。

③ 本番のきょうだいタイム　11月６日

綿密な計画を立てて臨んだ当日だったが、１年生の意見を聞きながら遊ぶ場所、遊ぶ時間を調整していった。そのため、予定していた時間通りには進まなかったが、予定を変更し、修正しながら、グループ内で助け合い、安全に楽しく過ごすことができた。

講堂スペシャルステージへ

眞榮里耕太

01　子どもの思いと活動の概要

　この活動は、毎年2月に実施されていたジャンボ遊びに代わる新しいイベントを企画することからスタートした。

　子どもたちにとっては、楽しみにしている学校行事が減った一方で、それに代わる新しい企画を自分たちで立ち上げられる機会を得た。これまでの学校生活で経験したことがない新しいチャレンジになるので期待と意欲をもって取り組み始めた。

　ジャンボ遊びのねらいであった「来てくれた人を喜ばせ楽しませる」ということを念頭に置くことは継承した。また、企画・運営する側の自分たちも小学校生活のまとめとしてのイベントになるよう楽しんで取り組むことを心がけた。

　実際の活動は、講堂の舞台の上でグループごとにパフォーマンスを披露した。その発表に向けた取り組みである。

02　主なSTEMの活用

T…・タブレットPCを使用して手本となる動画を視聴したり、カメラ機能でパフォーマンスの様子を撮影したり、動きや立ち位置の確認、改善を行ったりした。

　　・音楽機能を使用してダンスやBGMの曲を編集する。

　　・文書作成ソフトを使って楽譜や台本、宣伝広告を作成する。

03　単元の構想（全12時間）

単　元	活動の概要	活用したSTEM
(1) イベント開催に向けて （2時間）	・ジャンボ遊びに代わる企画を立案する。	・資料や動画でプレゼンテーションを行う。
(2) スペシャルステージに向けて （8時間）	・講堂でのパフォーマンスに向けてグループごとに練習行う。 ・開催に向けて運営に関わる準備をする。（進行・座席案内・照明・音響・案内掲示）	・ビデオを視聴し、パフォーマンスの手本にする。また、その様子を確認する。 ・パフォーマンスの台本や進行に関わる台本、歌詞カードを作成する。 ・開催の案内ビラを作成する。

(3) スペシャルステージ開催 （2時間）	・グループごとに舞台の上でパフォーマンスを披露する。（お笑い・ソーラン節・ペンライトダンス・ヒップホップダンス・合唱）	・プレゼンテーションソフトを活用してスクリーン掲示（案内など）をする。

04　単元（授業）の流れ

（1）　イベント開催に向けて（2時間扱い）

　この単元では、毎年2月に開催されているジャンボ遊びという学校行事に代わる企画を立案することから始まった。毎年決まって取り組む学校行事とは違って、何もない白紙状態のところからのスタートであった。そのため企画立案をするにあたって子どもたちは、自由に様々なことを発想することができた。

　2月は、6年生にとって卒業に向けて非常に忙しい時期である。そのため、イベントに挑戦するのであれば一部の子だけが取り組むのではなく、学級全員が取り組むことを確認した。その上で「全員で一致団結すること」「これまでになかった企画に挑戦すること」「参加する人を楽しませること」「自分たちも楽しめること」の4点をキーワードとした。

　子どもたちは、6年間の小学校生活の中で様々な行事（ジャンボ遊び・きょうだいタイム・若桐祭など）を体験してきた。自分たちで企画運営すること、上級生や保護者の方々に楽しませてもらうことといった、新しい企画の参考になる経験を積んできた。そのようなことを踏まえながら、新しい企画に向け、話し合いを開始した。

　1時間目は、各自のアイデアを出し合ったが、一人一人がイメージしている企画の形に大きなずれがあった。壮大な準備や計画が必要であったり、今までのものとあまり変わりばえしないものがあったりしたので、実現可能な企画立案に向けて、一度時間を空け、各自考えをまとめてくることにした。

　そして2時間目はアイデアを出し合ってみると次の3つのカテゴリーにまとめられた。

> ①スポーツ大会　②遊び場提供（ジャンボ遊びのような）　③パフォーマンス披露

　どのイベントにも実現にあたって一長一短があり、なかなか決定に至らないでいた。

　①ドッジボールやキックベースといったスポーツ大会は盛り上がりそうであるが、普段は各クラスごとのルールで取り組んでいるのでその統一が難しい。また、学年による力の差もあるので一緒に取り組むのは工夫が必要である。

　②遊び場提供については、どの子もイメージしやすくやりやすそうであった。一方でこれまでのジャンボ遊びとあまり変わらず、新しさを感じないこと、準備や手間がかかるが、多くの人たちを受け入れることができるかという課題も見えた。

　③パフォーマンス披露については、直前に行われた若桐祭で学級全員でパフォーマ

ンスに参加した。自分たちがパフォーマンスをすることは面白くてやりがいがある。しかし、自分の時間を使ってまで実際に観に来てくれる人はいるのだろうかという不安があった。

それぞれのメリット・デメリットを挙げながら、候補を絞ることにした。その結果として講堂の舞台を使ってのパフォーマンス披露をすることに決まった。

話し合いをする中で、「いつ」開催するのかという案件が出てきた。やるからには、できるだけ多くの人に足を運んでもらいたいという思いは全員一致していた。そのため全学級が「総合」の時間になっている金曜日の午後に実施の案が出た。しかし、開催予定の年度末は、各種行事に向けてどのクラスも忙しくしている。貴重な時間をさいてくれるかという疑問があった。

開催を模索していると昼休み開催の案が出てきた。これまで、ジャンボ遊びの事前プレゼンテーションが昼休みに行われていた。その際に人の集まりがまずまず良かった経験がある。昼休みであれば各クラスとの時間調整の必要がなく、自由に観に来ることができそうであったのでこの時間に開催することを決めた。せっかくなので1週間続けて昼休みに実施することになった。パフォーマンスの演目も複数挙げられていたので絞ることなくできることをやることになった。

演目は次の通りである。

○お笑い（吉本新喜劇風）　○ソーラン節　○ペンライトを使った芸
○ヒップホップダンス　　○1年生とのコラボ企画（合唱）

1年生とのコラボ企画は、きょうだいクラスの2部1年白坂学級に出演をお願いした。1年生とは、4月から様々な活動を共にして交流してきた。1年間の交流を締めくくる上でも共に舞台に上がることが最後の思い出づくりになると思い打診をした。

(2) スペシャルステージに向けて（8時間扱い）

パフォーマンス成功に向けて活動を開始した。それぞれのグループで台本を作り、読み合わせを行ったり、手本の動画を確認しながら練習を行った。時には、タブレットで演技を撮影して動きの確認・修正につなげていた。練習は、総合の時間だけではなく、朝の活動や休み時間を活用した。

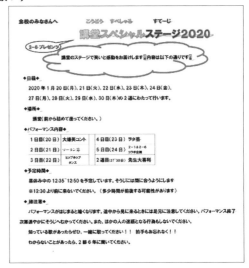

1年生との練習は、週に一度の朝の活動を中心に行った。他のパフォーマンスと違うことは、1年生を意識した活動であった。1年生に対してやることをわか

りやすく説明したり、時には１年生の発想に付き合ったりするなど工夫して練習に取り組んでいた。

パフォーマンス直前は、講堂を使って本番を想定したリハーサルを行った。練習を重ねていく中でどのようにして観ている人を楽しませ、喜ばせられるかという考えが深まっていった。例えば、学習発表の際に注意したことを確認したり、観に来てくれた人も一緒に歌ったり、踊ったりできるような演出を心がけていた。

事前の準備として案内告知用のビラを作成し、各学級を訪問して告知したり、中央ホールなど目につくところに掲示した。パフォーマンス当日には給食時間に校内放送を使ってお知らせした。

(3) スペシャルステージ開催（2時間扱い）

迎えた本番の１週間は、朝活や中休みを使って事前の準備を整え、昼休みのパフォーマンスに備えた。その日に舞台に立たない子たちが裏方として照明や幕、会場案内といった役割を担当した。

１週間のパフォーマンス終了後全クラスにアンケート調査を実施した。回答の多くが好意的なものであった。6年生の感想では、次のようなものがあった。

○新しい企画をすることは難しいと思ったけど大成功だったと思う。
○舞台の上の人も運営側もよくできた。
○6年生の最後にクラス全員で新しいことに挑戦することで小学校生活の締めくくりにつながったと思う。
○自分たちもやってみたい。
○6年生が一生懸命取り組んでいる姿がかっこよかった。

また、各クラスにお願いしていたアンケートには「見ている人でも歌いやすかった」というような肯定的な意見が寄せられていた。

☆講堂スペシャルステージ2020 感想アンケート☆　　　部 4 年名前

Q1 どのパフォーマンスがよかったですか？

1日目	大爆笑コント	4日目	ヲタ芸	
2日目	ソーラン節	5日目	2-1&2-6 コラボ企画	○
3日目	ヒップホップダンス	2週目	先生大喜利	

あいているところに〇をつけてください

Q2 かんそう・アドバイスをかいてください。

2-1年のかわいい子と6年生で歌をうたっていてみんなかしている助けながれる力が、見てる人でもうたいやすかったです。面白かったよ！

百人一首をプレゼンしよう

青木伸生

01　子どもの思いと活動の概要

　国語科の内容に「伝統的な言語文化に親しむ」学習がある。子どもたちは『枕草子』や『春暁』などの音読、暗唱の活動を通して言語文化にふれてきた。そうした活動の中に、「百人一首」のカルタ大会を組み込んだ。子どもたちは、カルタ大会に勝つために、百人一首を暗記しようとした。しかし、今とはかなり言葉遣い、仮名遣いが異なる、しかも、五七五七七という短い言葉の世界に思いが凝縮されている和歌を頭の中に入れるのは大変なことだ。

　子どもたちは、百人一首を暗記するために、自分なりの方法で解釈を表現し、それを交流することで「この和歌は、このような意味なんだね」ということを理解し、暗唱に生かすことはできないかを考えた。そこで考えたのが、「百人一首の担当を決めて、プレゼンで表現し合い、覚えるのに役立てよう」ということだった。

02　主なSTEMの活用

T…和歌の意味や工夫された表現技法をパワーポイントに整理する。
　　ビデオカメラなどの機器を使用してプレゼン資料を作る。

03　単元の構想（全19時間）

単　元	活動の概要	活用したSTEM
(1) 百人一首の大会をしよう。（3時間）	・前回の「ことわざカルタ大会」「俳句カルタ」大会を受けて、「百人一首大会」の開催をする。 ・なかなか覚えられないから札が取れない。覚えるにはどうしたらよいかを考え、アイデアを紹介し合う。	
(2) 百人一首のプレゼンをつくろう。（10時間）	・百人一首を暗記するためのこつを考えてパワーポイントのプレゼンをつくる。	T…パワーポイント資料作成
(3) プレゼンしよう。（4時間）	・自分の作ったパワーポイントをもとに、担当した和歌を紹介し合う。	
(4) もう一度百人一首の大会を開こう。（2時間）	・和歌を覚えるこつをもとに、もう一度百人一首の大会を開く。	

04 単元の流れ

(1) 百人一首を覚えよう

　6年生の子どもたちは今までに、国語科の授業とも合わせて、ことわざカルタ大会や、慣用句カルタ大会、俳句カルタ大会など、様々な伝統的言語文化に親しむ活動を経験してきた。ことわざや慣用句などは、今でも日常の言葉の生活の中で使われていることもあり、容易に暗記してカルタ大会そのものを楽しんでいた。俳句については、そこで取り上げられている句が江戸時代を中心としたもので、作者も小林一茶など、口語に近い句が多かったために、句を暗唱してカルタをすることには抵抗感は少なかった。

　しかし、百人一首は平安時代からの和歌が選ばれているため、今の子どもたちが使っている言葉からはかなり遠い語彙・語句が使用されており、なかなか親しみにくい。また、そこに入っている和歌には、恋愛に関するものなど、当時の時代背景や生活様式についてある程度の知識をもっていないと、そこで詠まれている歌の意味を把握することは難しいものが多い。

　子どもたちは、百人一首の大会に備えて、意味がわかるものやわからないものを取り混ぜて、とにかく丸暗記しようと四苦八苦していた。

　そのような状況の中で、とりあえず第一回目の百人一首の大会を開催したのだが、札をたくさん取れた子どもと、ほとんど手も足も出ずに取れなかった子どもとに大きく二分してしまった。札がたくさん取れた子どもにとっては、「面白かった」などの感想が出てきたが、ほとんど取れなかった子どもからは、「もうやりたくない」という声も出た。多くの子どもにとっては、困り感が大きかった。

(2) 百人一首を覚えるには、どうしたらいいだろう

　そこで、多くの札を取れた子どもたちに、札を取るこつを聞いてみた。そして、いくつかのアイデアを引き出すことができた。それは、次のようなものである。
・全部を覚えようと思うと大変だから、自分のお気に入りをいくつか選んで、それだけはしっかり暗記して、他の人よりも早く取れるようにねらいをつけておく。
・覚えるために、マンガで紹介されている百人一首の本を読み、いくつかは覚えることができたので札が取れた。
・百人一首を暗記するために、1番から順番に和歌をノートに視写して、自分で覚え方を考えて覚えた。

　これらのこつの中から、自分でもできそうだというものを選んで実践してみようということになった。子どもたちが一番多く選んだのが、「マンガによる解説」というものだった。

(3) 百人一首の内容をいろいろな方法で紹介しよう

　しかし、マンガによる解説は、今までにも数多く行われている方法であり、書籍と

して数多く出版されている。

　ちなみに、百人一首の書籍が書店に何冊置かれているか、その内容はどのようなものかを調査して統計的に表などにまとめてみようというアイデアも出されたが、今回の単元の中では実現できなかった。

　子どもたちには、「今までにない方法でプレゼン資料がつくれたらいいよね」という言葉かけをした。

　子どもたちは、今までの国語科における学習経験の中で、文章の理解のために「三つの置き換え」という方法を学んでいる。・動作化・イラスト化・ほかの言葉への置き換えである。百人一首を覚えるこつをプレゼンするためには、この置き換えを生かすのがよいのではないかということになった。

　実際に子どもが作成したパワーポイント画面の一部が下に示すものである。

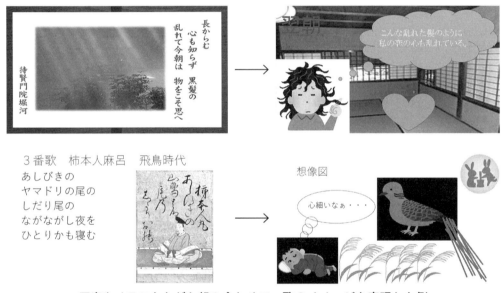

写真やイラストなどと組み合わせて、歌のイメージを表現した例

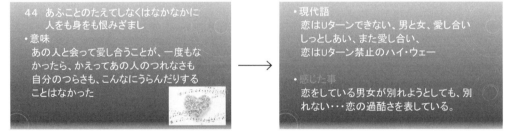

子ども自身の感覚でによる解釈を前面に出している例

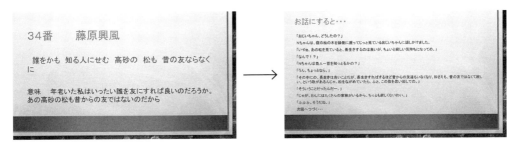

子どもの散文化によって内容を解釈・表現している例

　このほかにも、和歌の内容に合わせて寸劇の脚本をつくり、演じたものをビデオカメラで撮影してパワーポイントを作成した子どももいた。

（4）　担当者の決定とプレゼンの方法

　子どもは32名。百人一首は言わずと知れた100首。単純計算で一人3つ以上の歌を担当することになる。子どもたちは、まず自分の担当したい和歌をいくつか候補として選ぶ。選ぶためには100首全てに目を通す必要が出てくる。その中から自分の担当希望を選んで立候補していく。友達と希望が重なった場合は、その場で譲り合うなどの調整をした。

　担当が決まると、個々にプレゼン資料をつくり出す。前述したように、寸劇の撮影をした子どもは、一人では演技と撮影とができないため、仲間に協力を要請して数名で行っていた。

　子どもたちは、パワーポイントで使えそうな機能について情報を交換し共有することで、自分たちの技能を高めていった。

　また、プレゼンは、教室内で2カ所同時進行で進めていった。教室の前と後ろにプロジェクターを用意して、子どもたちのパソコンをつないで撮影した。机や椅子は教室の中央に固めて置き、前後の発表スペースを確保した。

　発表が終わるたびに、子どもは付箋紙に感想を書いて発表者に渡す。付箋紙は中央に固めた机の上に置き、発表の終わるタイミングで自由に取りに行って書けるようにした。

第3章

STEM を生かした行事
―STEM が新しい発想を生み出す―

卒業生を送る子ども会

大野　桂・北川智久

01　子どもの思いと活動の概要

　「3蜜」という制約があったからこそSTEMが活用された「卒業生を送る子ども会」。ここでは、新型コロナウイルスの感染拡大により、例年と同じようにはできない令和2年度3月に行ったものを紹介させていただく。

　「卒業生を送る子ども会」の企画・運営を進めたのは、5年生各クラス6人ずつ募った24人の実行委員である最初の企画会議で、実行委員へ「卒業生を送る子ども会を実施するには、『3密』という制約がある」と伝えた。実行委員たちは「規模を縮小して実施」と判断すると私は思っていたのだが、実行委員たちの反応は真逆で、むしろ「制約があっても例年以上に盛り上げることはできるはず」と、凝り固まった大人の頭では思いもつかないような、「3密」を避けても盛り上がる、想像力豊かな企画を次々と立ち上げていった。

　ちなみに、実行委員は「総合企画担当」「5年演目企画担当」「装飾演出企画担当」の3つのグループに分かれ、企画・運営を進めた。ここでは特に、「総合企画担当」と「装飾演出企画担当」の2つの担当が、3密を避けるためにどのようにSTEMを活用したかについて述べさせていただく。

02　主なSTEMの活用

T…Zoomを使用し、主会場の講堂と校内各所をライブ映像でつなぐ。
A…講堂の座席に在校生の絵を飾り卒業を祝う。盛大な花吹雪で入場を飾る。
L…クラスから感謝のメッセージを模造紙に書いて講堂壁に貼り思いを伝える。

03　STEMを活用した行事の構想

単　元	活動の概要	活用したSTEM
総合企画担当	・卒業生入場方法の企画・運営 ・プログラムの幕間の運営	T…タブレット端末 　　Zoom 　　Power Point
装飾演出企画担当	・講堂内の装飾・入場時の装飾による演出	A…装飾の演出 L…メッセージ

04 STEM を活用した実際の活動について

(1) 総合企画担当の活動

① 卒業生入場におけるタブレット端末と Zoom の活用

例年だと、卒業生は、在校生全員が待ち受ける講堂に拍手で迎えられながら入場する。しかし令和2年度は、3密を避けるために講堂へは全体の1/3の人数である2学年の児童しか入れないという制約があった。つまり、在校生全員で講堂に卒業生を迎えることができないということである。それでも、卒業生の入場を全員で祝福したいと考えた実行委員は次のような方法を考えた。

それは、卒業生に、1列になり在校生が待つ廊下を練り歩きながら講堂へ入場するという方法である。在校生は、それぞれが趣向を凝らして廊下を飾りつけたり、祝福する言葉が書かれた横断幕を作ったりして、卒業を祝福する演出を工夫した。そして最後に、5年生が待ち受ける講堂へと入場し、盛大な祝福を受けたのである。

しかし、この入場方法には大きな問題があった。それは、卒業生は全体の祝福を受けられるが、在校生は他の学年がどんな祝福をしているのか、卒業生がどんな祝福を受けているかなどがわからないということであった。これでは、全校の一体感が生まれない。そこで活用したのがタブレット端末と Zoom である。実行委員は、卒業生の練り歩きに同行し、タブレット端末で卒業生が練り歩く様子を撮影し、その様子を各クラスに Zoom でライブ配信したのである。そうすることで、在校生は卒業生が自分たちの前を通り過ぎたら、すぐに教室に戻り、卒業生が入場していく様子を Zoom で見ることができるようにしたのである。

② Zoom を活用した出し物の放映とインタビュー

各学年、順番になったら卒業生の待つ講堂で卒業を祝う出し物を行う。これは例年通りであるが、在校生は3密を避けるため、その様子を生で講堂で見ることはできない。そこで、活用されたのが、やはり Zoom である。実行委員は、タブレット端末を用いて各学年の出し物を撮影し、それを Zoom でライブ配信し、在校生がその様子を教室で見ることができるようにした。しかし、やはり問題があった。それは、各クラスにいる在校生は講堂の様子を教室でただ見ているだけということである。これではやはり全校の一体感が生まれない。そこで、実行委員は出し物が終わると同時に、各教室に出向き、突撃ロケ形式で、クラスにいる子どもたちに出し物への感想を聞くなど、インタビューをした。その様子をタブレット端末で撮影しながら、Zoom で生配信したのである。こうすることで、全校の一体感をもたせた。

③ パワーポイントと Zoom を活用した幕間

各学年の出し物の間には、入れ替えのための10分程度の幕間がある。例年は、実行委員が全校児童を楽しませる遊びをし、幕間をコーディネートする。この年度は、実行委員は、その幕間を Power Point を活用することで、クイズを作ったり、卒業生紹介を作ったりし、それを Zoom の共有画面を活用することで、各学級に配信し、全校児童を楽しませる企画をした。　　　　　　　　　　　　　　　　　　　（大野　桂）

（2）　装飾演出企画担当の活動

　ここからは、装飾担当の実行委員の活動紹介となる。例年ならば全校児童が講堂に集結して一体感のある空間の中で会が行われていたが、コロナ対応で入場を2学年程度に減らすことになった。卒業生はずっと講堂にいて、在校生は発表学年が交代で講堂に入り、残りの4学年は教室からのZoom参加とした。実行委員から、「広い講堂に人が少なくて卒業生がさびしくないかな」「みんなで卒業を祝う気持ちを伝えたいな」「全クラスを巻き込んでお祝いしたい」という思いが生じた。そこで、「座席に自分の絵を飾ろう」というアートプロジェクトが生まれた。

「笑顔にしよう」「喜んでくれるかな」

　図工の時間に描いた3年生の絵を参考にして、2・3・4年生が自画像を描いた。それを実行委員が回収して、座席に貼った。貼り終えて会場を見渡すと、たくさんの笑顔に包まれ圧倒された。当日、入場してきた卒業生は、たくさんの笑顔のお出迎えにびっくり。とても喜んでくれた。

　壁には、クラスからのお祝いメッセージが貼られていて、卒業生たちへの感謝がつづら

上：講堂の座席に貼られた自画像と、壁に貼られた模造紙のメッセージ
下：会場装飾に驚いて喜んでいる卒業生

四つ切り画用紙いっぱいに描いた在校生の自画像

れていた。

　講堂への入場場面では、「花のアーチをつくろう」という計画を進めた。クラスカラーの花のアーチで卒業生をお出迎えしようというアイデアだ。続いて、「クラスカラーの紙吹雪を降らせよう」というアイデアが生まれた。紙吹雪の実現には少々苦労した。

　講堂の２階席に大型送風機を２台セットし、折り紙の紙吹雪で試したりお花紙の紙吹雪で試したりした。紙吹雪の飛び方や飛ぶ距離を増すために、１階席にも４台の送風機を上向きに設置した。昼休みに実行委員が集まって、５回の実験をした。実験の後には講堂の掃除をするので大変な手間なのだが、実行委員たちは手間を惜しまず実験を続けた。

　いよいよ当日、入場する卒業生のクラスカラーに合わせてお花紙の紙吹雪が高く舞い上がった。卒業生はびっくりすると同時に、笑顔が広がった。大成功を実感した実行委員にも笑顔が広がった。

大型せんぷうきを利用しての紙ふぶき
何度も練習した

左上：２階席から送風機で紙吹雪を飛ばす実行委員

右上：講堂入場時に、紙吹雪と花のアーチに驚く卒業生

左下：最後の卒業生の発表は、後ろを向いてカメラ越しに在校生に向けての発表となった

　今回の活動の中のSTEM⁺について考えてみたい。「卒業を祝う行事」という前提から、当然ながら「共に幸せになる」といった互恵的な意味合いがもともと強い行事である。そこに子どもの「みんなでやりたいこと」という共通理解や協力的な意味合い、そして「自分たちにとって役立つこと」といった合目的的な意味合いを加味させることによって、より主体的に計画・運営できたのではないか。そこには、子どもらしい方法でのT：テクノロジー、A：アート、L：言語的な表現の利用が欠かせなかった。　　　　　　　　　　　　　　　　　　　　　　　　　　　　　　　（北川智久）

1年生を迎える子ども会
3年部

白坂洋一・富田瑞枝

01 1年生を迎える子ども会の概要

　本校では毎年5月頃に、「1年生を迎える子ども会」という行事がある。4月に入学した1年生を、全校児童で迎えることを目的としている。在校生は出し物をしたり、お店を構えたり、1年生に楽しく学校を知ってもらうために学年ごとに役割を担う。1年生自身も出し物をお披露目することで筑波小の一員としての自覚をもつのである。

　しかし、新型コロナウイルス（COVID-19）感染拡大防止のため、令和3年度はいつも通りの形で、一堂に会して祝うことが難しくなった。

　1年生を迎える子ども会の実行委員は3年生児童である。この時期はまだ、オンラインでの行事の在り方を模索する段階であった。そこで、3年生児童の願いを叶えるため、教師も一緒になって実現に向けて動くこととなった。その中で、いくつかのSTEMの活用が見られた。

02 主な STE（A）M の活用

T…オンライン（Zoom や Vimeo）とリアルの融合
E…子どもが「つくる」行事
A…「つながりくん」

03 計画と実際

（1）　実行委員の子どもたちの願いによる開会行事

　実行委員の子どもたちと、どんな言葉をキーワードに1年生を迎えたいか話し合うことから準備が始まった。「みんなで『よく来たね』とお祝いしたい」「この学校で学ぶことでキラキラかがやいてほしい」「『新つくばっこ』と入れて、新しく仲間になったことを伝えたい」そのような思いをもとに、話し合いながら決まったテーマが「キラキラかがやけ　シン・つくばっこ」である。

　しかし、令和3年度は講堂で全校児童が集まることはできない。そのため、開会行事だけ運動場で集まり、その後は主にオンラインで実施することとした。

　全校児童が1年生の顔を見て迎えられる

旗のパフォーマンス

のは開会行事のみとなる。だから、開会行事で一番の山場をつくりたい。

　そこで考えたことが、4色の学級旗で作る全校児童のウェーブと、お祝いメッセージを書いた垂れ幕である。

　4色の旗を持つ児童が運動場を疾走する。目の前に旗が来たときに、立ち上がり、すぐに座る。このようにして、1年生を取り囲む全校児童で、ウェーブを作りながらお祝いすることができた。

　また、垂れ幕も3年生のクラスごとの4

1年生へのメッセージ

本と、その中央に、1年生を迎える子ども会のテーマに設定した「キラキラかがやけシン・つくばっこ」という1本、合計5本を作り、本番を華やかに飾った。本番で垂れ幕が披露された瞬間、在校生からも自然と歓声が上がった。

（2）　オンライン（Zoom と Vimeo）の活用

　開会行事の後は、講堂と各教室をオンラインでつなぐ。1年生は講堂で出し物を見て、出し物をする以外の学年は、教室で参会する。オンラインでの実施に伴い、Zoom と Vimeo の2つを活用することを考えた。

　Zoom のよさは、リアルタイムでつなぐことにある。なので、今まさに講堂で起きていることを教室で見ることができる。また、双方向のやりとりも可能である。

　Vimeo は、前もって録画したものを HP 上にアクセスすることで見ることができる。一度掲載すれば、削除するまでの期間はいつでも見ることができる。

　舞台などで出し物をする際には、準備や片付けの時間ができる。そのため、出し物は講堂での舞台発表（Zoom 配信）と Vimeo とで、交互にすることとした。

　Zoom は通信環境の影響を受けやすく、音が聞こえにくかったり画面が止まってしまったりすることがある。一方の Vimeo は、Zoom より比較的安定している。Zoom と Vimeo と併用したことで、聞こえにくさなどを補完できたよさがあった。

　しかし、Zoom と Vimeo を交互に用いたことで、一つ課題が浮上した。Zoom であればリアルタイムだが、Vimeo を使用することで各学級が見終えるまでに時差が生じてしまうことである。この、時差の解消として、幕間の設定を考えた。

　幕間の内容について実行委員や3年生の各学級で意見を出し合った結果、会のテーマに基づいてキラキラしている子どもたちを紹介したり、筑波小について知ってもらったりする時間にすることとなった。本番では、二重回しを跳び続ける先輩の姿に、1年生が大いに沸いた。

　幕間を挟み、それぞれの学級が Zoom に戻って

幕間の様子

きたことを確認しながら会を進行した。

〈当日のプログラム〉

1	1年生入場	
2	開会	
3	3年生出し物	【講堂から Zoom 配信】
4	5年生劇	【Vimeo】
幕間		
5	2年生出し物	【講堂から Zoom 配信】
6	6年生の学校・先生紹介	【Vimeo】
幕間		
7	1年生出し物	【講堂から Zoom 配信】
8	1年生退場	

(3) 「つながりくん」に乗せた思い

　例年であれば、1年生を迎える子ども会の前には同じ部の上級生たちが教室へ会いに行き、交流の時間をもつ。しかし、人と人との接触に制限があったため、お互いを知らないまま当日を迎えることとなった。

　また、会う機会があったときでも、お互いマスクをしたままであるので、顔の下半分がわからない。

つながりくん

　そこで、1年生を迎える子ども会にあたり、「つながりくん」と称して、表には1年生の大きな顔写真（マスクなし）と名前が書いてあるもの。裏には在校生がメッセージを書いたものを準備することとなった。

　3年生の飾り実行委員が中心となってお手本を作り、それぞれの学年へ依頼する。メッセージだけではなく、飾り付けも一緒にお願いしながら、1年生に喜んでもらえるように、それぞれの学年の子どもたちで少しずつ作り完成させていった。本番では、1年生は4年生児童に連れられて入場する。「つながりくん」は、入場の際のソーシャルディスタンスの確保に活かされた。その後、本番の最中は、講堂の壁面を飾り、最後は1年生へのプレゼントとなった。

1年生へのメッセージ

　毎年の1年生を迎える子ども会でも、1年生の顔写真で講堂を飾ってきたが、今年の「つながりくん」は、1年生と在校生とのつながりをもたせる役割も担った。

講堂の装飾

1年生入場の様子

04 まとめ

　一堂に会せない状況下、行事の在り方を模索しながら計画し、実施した。同年3月に行われた「6年生を送る子ども会」のよいところを参考にしながら、「1年生の入学を全校児童で祝う」という目的を一番に掲げ、全校児童で1年生を迎えるために準備を進めた。

　運動場で全校児童が集まるリアルと、空間を超えることのできるオンラインを融合しながら、新しい行事を形づくることができた。

　契機としては、困った状況の解決にオンラインを用いたのだが、新たな学校生活や行事の在り方として、オンラインの活用や工夫について検討し実施できた。

　今後、社会の状況が変化し、一堂に会することができるようになった後も、今回活用したオンラインの可能性から、空間や時間を超えた新たな試みが期待できるだろう。

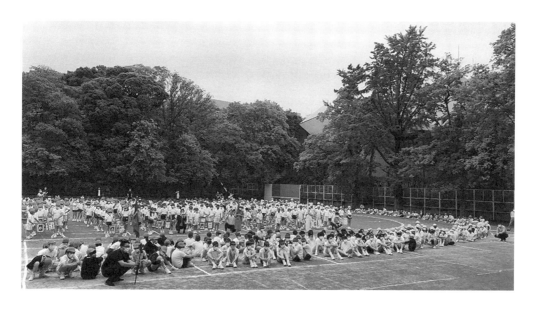

親子で楽しんだ「オンライン若桐祭」

横山みどり・梅澤真一

01　オンライン若桐祭

　子どもたちが毎年楽しみにしている「若桐祭」が他の行事と違うのは、100％保護者の企画というところだ。昨年度、新型コロナウイルス感染症の影響でいくつもの学校行事が中止や簡略化される中、当然「若桐祭」開催も大ピンチとなってしまった。しかしコロナ禍の若桐会が出した答えは、前例のない短期間準備でのオンライン開催であった。これまでの開催経験で得たノウハウが使えないということで、準備にかかわる保護者に大きな不安と負担を生む取り組みになることが予想された。

　「オンライン若桐祭」に関わって気付いたことは、保護者企画ゆえの壁だけではなく、逆に専門的な知識や技能をもつ保護者の力を活用できたからこそ可能となったイベントが多くあったということだ。これには、教師が授業や行事に生かせるヒントがあっただけでなく、子どもたちが STEM の力を磨く大きな刺激にもなったと感じている。

　ここでは STEM の活用により、前例のない「オンライン若桐祭」を見事にやり遂げてしまった保護者と見事に楽しんでしまった子どもたちについて報告させていただく。

02　楽しませるための試行錯誤

(1)　オンライン環境

　企画が始まった時点での子どもと学校をつなぐオンライン環境は、学習課題を出したり子どもたちからの発信を共有したりする「まなびポケット」、「つくばっ子 TV」として動画配信に活用する「Vimeo」、行事や学級内での交流に活用する「Zoom」の3つであった。

　学習とは分けるものの、子どもたちが慣れている環境で開催できるよう「まなびポケット」内に「若桐祭」についてのチャンネルをつくり、「若桐祭」担当教師を中心に連絡などで活用することにした。また、「Vimeo」と「Zoom」については、若桐会で別の枠を準備した。

　さらに、「若桐祭」当日までには Wi-Fi のテストやトラブル対応のシミュレーションなども繰り返し行われた。

(2) イベント内容（配付されたパンフレットより一部抜粋）

　企画された15のイベントはいくつかの違った参加方法となった。

①事前エントリー後に材料を配付。当日にVimeoの動画を観たりZoomで説明をきいたりしながら製作する。

Top of つくばっ子決定！
テンセグリティ早ワザ大会
ストローと輪ゴムだけで不思議な多面体が完成します。
あなたは、何分で完成させられるかな？
★事前エントリーした人が参加してね
vimeo　zoom

バスボム作り
家族と一緒にお風呂に入れるバスボムを作ってみよう！
おうちで材料を用意してつくることもできるよ。
★事前エントリーした人が参加してね

vimeo

のぞいてみよう鏡の世界！
型紙とビー玉で、美しい万華鏡ができ上がります。自分好みの飾り付けをして世界でたったひとつの万華鏡を作ろう！
★事前エントリーした人が参加してね

vimeo

ようこそ！カラフルな水引の世界へ！
日本の伝統工芸の水引を使って、しおりや部カラーバッジを作ります。カラフルな水引の世界を楽しもう！
★事前エントリーした人が参加してね

vimeo

筑波けん玉王決定戦！
作り方の動画を見ながら、自分だけのけん玉を作り、記録に挑戦してね！
目指せ、けん玉王！
★だれでも参加できるよ！
vimeo　zoom

若桐会オリジナルマスコット
やまねん

エントリー希望が何人いるかもわからない中での材料準備や、作り方を紹介する動画作りなども大変だったよ!!

---

②事前にエントリー。当日は動画を観たりZoomに参加したりして遊ぶ。

筑波っ子かくし芸大会
筑波っ子の自慢のかくし芸がオンラインで見られるよ。とびっきりの筑波っ子スマイルをご覧ください♪
★事前エントリーした人が参加してね
★だれでも見ることができるよ！

vimeo　zoom

オセロ！チーム de Zoom
部対抗のオンラインオセロ対決！画面に映るオセロ盤のマス番号を言うと駒を打てるよ。各学年の優勝チームには賞状を授与！自分の部の応援は自由にできるよ！
★事前エントリーした人が参加してね

zoom

当日の参加イメージが、企画側にも子どもたちにもないので、時刻を指定して参加を募るのが大変だったよ!!

あつまれ！らくがき筑波っ子　～みんなが描いた絵が動く！泳ぐ！クイズになる！！～
みんなが応募して描いてくれた生き物や人の絵がおもしろおかしく動くよ！
★事前エントリーした人が参加してね

vimeo

---

③事前のエントリーなし。当日は何回でも参加OK!

バナナくんたいそう
「バナナくん体操」のダンスをマスターしてみんなで踊ってパワーチャージ！
バナナくん講座で君もバナナ博士になれるかも！？
★だれでも参加できるよ！

vimeo

つくばっ子占い～あなたはどのタイプ？
今のあなたは、どんなタイプかな？
占い師の質問に答えてみよう！
新しい自分を見つけてくれるかも？！
★だれでも参加できるよ！

zoom

うらないのやかた
あてはまる星座、動物のお部屋に入ってね。来年の運勢は？相性のよい相手は？占い師があなたを占います！
★だれでも参加できるよ！
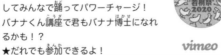

zoom

つくばっ子おみくじ
つくばっ子のためのオリジナルおみくじ。
君へのメッセージが出てくるよ！
ぴったりの言葉と出会えますように。
★だれでも参加できるよ！

まなびポケット

きみは脱出できるか？
クイズ筑波王の館
館に迷いこんだら番人たちが出すクイズ
に正解し、4つの部屋の扉を開けるしか
ない。きみはこの館から脱出できるか？
★だれでも参加できるよ！

vimeo

zoom

挑戦！筑波トリビアの泉 ～1年生のきみも
全問クリアなるか？！～
トリビアとは素晴らしきムダ知識。
知ることで少し幸せになれるもの。
筑波にはどんなトリビアがあるのかな？
★だれでも参加できるよ！

vimeo

> イベントで使用する曲の中
> には著作権の手続きをした
> ものもあったよ。事前エン
> トリーなしのイベントは1
> 年から6年までが楽しめる
> 工夫をするのが大変だった!!
> 後輩のためにと、附属高校
> の生徒が考えてくれたクイズ
> もあったよ。附属高校と
> の連絡は副校長も協力して
> くれたよ

④1人1輪ずつ布の花を作り大きな作品にする。過程を動画にして当日配信。

一輪布花 ■まなびポケット
筑波っ子全員が作った一つひとつの花が集まって大輪の花を咲かせます。完成までの様子を動画で
見てね。 ★だれでも見られるよ！

> 全校児童分の材料を準備するのは
> 大変だったよ!!
> 完成までの過程を動画にしたこと
> で、パネルを準備してくれた若桐
> 会の人たちの様子も紹介できてよ
> かったな。
> 共同作品の形は6年生が自主的に
> チョークで下書きをしてくれたん
> だよ。
> 1つ1つの布花が自由にデコってあ
> って個性あふれる作品だったよ

03 楽しむための試行錯誤

（1） 自分で楽しくする

　子どもたちは、自分なりに参加するイベントや順序を決めていた。しかし、時には
上手くアクセスできなかったり、1つのイベントに予想以上に時間がかかり計画通り
に参加できなかったりもしたようである。

　子どもたちの助けになったのは、見やすいパンフレットと、タイムリーに質問して
答えをもらえる「まなびポケット」でのやり取りであった。担当教師と保護者が連絡
し合って、勝負の結果を発信したり質問に答えたりしたのはもちろん、子ども同士で
も情報交換や助け合う姿が多く見られた。

「オセロ!チームde Zoom」
よ〜し、いいぞ〜
この順番にして大成功!!

「ようこそ!
カラフルな水引の世界へ」
キレイだけどちょっと
難しいわ

「バスボム作り」
安全のためにフェイス
シールドをしているよ。
今日のお風呂で使いた
いな〜!!

(2) 若桐祭のあとに

　子どもたちは別々の場所にいながらも多くの人と関わり「若桐祭」を楽しむことが
できたようである。それは、祭りの終了後に「まなびポケット」に挙げられた多くの
子どもたちからの感謝の言葉に表れていた。

　私は、万華鏡と、水引きを作りました。
　万華鏡はとてもきれいなものが作れてうれしかったです。
　中でも楽しかったのは、つくば王の館と、水引きです。つくば王の館は、2回やりました。1回目は、最終問題がとけなかったけれど、2回目の時
は、全て解けました。
　後日もらえる、缶バッチと、賞状がたのしみです。
　水引きは、とてもきれいにできてとても嬉しく楽しかったです。　　妹が、かんざしみたいに使っています。
　今年は、できないことばかりだけど、オンラインでやるなど、ひと工夫するだけで、こんなにも楽しくなるのだと、あらためて実感しました。こん
な状況でも私たちを、楽しませようと頑張ってくださった保護者の方々には、感謝しかありません。本当にありがとうございます。

  　　　　　　　　　　　　　　　　　　　　　　　　　　🖤 15人　　◯ 37人

04　STEM⁺

　「オンライン若桐祭」では、「楽しませる」ために、ICT を活用して動画を制作・
配信したり、独自のアプリケーションソフトを作成したりする例があった。また、子
どもたちは「楽しむ」ために、「まなびポケット・つくばっこ TV・Zoom」などを活
用した。どちらにも明確な目的があったからこそ、試行錯誤しながらもやり遂げよう
とする姿へとつながったのではないだろうか。これは、本校が取り組んでいる
「STEM⁺（プラス）」の「＋」がイメージしている子どもの力（問をもつ力、素直
さ、生き生きとした意欲）であると感じられた。

筑波小の朝会が育てる
問題解決の姿勢

田中英海
山崎和人

　筑波大学附属小学校の教育活動の特徴の一つに「全校朝会」が挙げられる。一般の全校朝会は、校長や副校長などの管理職からの短い話があり、日直や生活指導担当が、生活目標について話すなどして10分程度だろう。

　筑波附小では、管理職が話すのではなく、普通の教員が持ち回りで話をする。20分ほどじっくりと時間を使い、教科の専門性を活かした話、教員の趣味から広がる話、学級総合で探究している問題の紹介など、バリエーションも多い。そうした全校朝会を子どもたちは楽しみにしている。コロナ禍では講堂に入れる学年を制限しているが、Zoomで講堂の様子を配信している。

　このような全校朝会は、探究的な学びの姿を教員が示す時間ともいえる。子どもたちは、教師の興味関心から物事を深めていく過程に触れ、自分たちの総合活動につながる姿勢を学び取る。

夢中に探究する教師の姿

　理科部の志田は、釣り好きである。朝会で、釣りの面白さ、魚についてなどに触れさせようとしていた。朝会の1週間ほど前には、算数部室に一斗缶を探しに来ていた。そして、実際の釣り竿をキャスティングして一斗缶に当てる実演を見せようかと計画を練り、ステージで練習をしていた。竿のしならせ方など、素人には詳しくわからないが、奥が深いこと、何より楽しそうな様子が伝わってきた。学校の保谷農場の近くに釣り堀があるそうだ。釣りブームが起きそうである。

　算数部の森本は、教室や廊下の飾りづくりからスタートして、多面体の飾り、ジオデシックドームづくりに学級で挑戦している。綺麗な形の背景に、どんな図形があるのだろう。どのように組み合わさっているのだろうと大人でも考えてしまう。二等辺三角形で作った五角形のまわりに正三角形が組み合わさっている。正三角形が20枚、二等辺三角形が60枚で構成された球体に近い綺麗な立体である。算数の多角形や角柱の学習を活かし完成していた。まさに、教師と子どもの探究といえた。その探究の過程は、劇を交えながら楽しく表現し、朝会に参加する子どもたちの目を輝かせていた。

新任教員3名の話

　新任教員の1年目は朝会で話す回数が4、5回と多い。先に挙げた先輩教員の全校朝会の話を聞いて、1年生から6年生までの幅広い発達段階の子どもたちの興味をどう引きつけるか、その術を学んでいる。

　夏休みの直前の朝会では、「夏休みの宿題」を宣言するのが定番である。2021年度着任した3人は宿題を出し合うことにした。料理が好きな田中からは、スパイスからカレーをつくる調理。筋トレ大好き山崎からは、立った状態から床にある雑巾を少しずつ前へ腕立て伏せのように鍛える運動。サッカー大好き青山からは、ボールを足で浮かせて、背中でキャッチするという課題が出された。

　子どもたちにいかに探究的な姿勢を見せるか。そこが朝会で表現したいコンセプトである。私は夏休み、サッカーの練習をする動画を何度も撮影することにした。苦手なことにどう取り組むか探究する姿を話すことにした。足首に乗せる動作、足首から蹴り上げる動作、背中でキャッチする動作。動作を別々にやることで、技能を上達させていった。

　ただうまくなる過程だけ語り、見せるのでは教科の専門を活かしていない。そこで、算数科としては、データを分析していく過程を見せることにした。分割した動作がどこまでうまくいったか。回数を記録し表も記録していく。次に成功回数を2年生の絵グラフ、3年生の棒グラフで表現した。一見成功回数が減っているが、試行回数も減っていて成功率（割合）が上がっていることを5年生の円グラフで見せ、分析を発展させていった。話の最後に1分間で成功できるか全校の前で挑戦したのである。「がんばーれ！がんばーれ！」と子どもたちの声援の中で、何とか成功することができた。

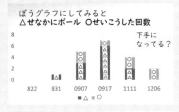

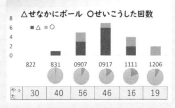

　教科研究に特化したイメージがあるが、その根底には何事にも学びとして楽しむ教師がいる。子どもだけでなく、先輩の先生たちも一目を置かれる朝会を目指そうと教師同士が切磋琢磨している。その教師の姿に子どもが触れる1つに筑波の朝会があり、朝会は総合活動、STEM⁺の礎にもなっている。校長先生の話を聞くことのよさもあるが、各先生方の好きなこと、探究していることなどの話は、子どもたちも聞き手として楽しい。教師自身も探究や子どもに話すことがより楽しくなる、そんな朝会を取り入れてはいかがだろうか。

第4章

STEM⁺総合活動と美意識研究

美意識を育てる STEM⁺総合活動

盛山隆雄

01 「STEM⁺総合活動」における「美意識」の存在

改めて「STEM⁺総合活動」の定義は、次のようになっている。

> イノベーションを創りだす力を育てるために、子どもが本来もっている力を活かして、子どもが決めた課題を、科学、技術、数学、芸術等に関わる内容を横断的・総合的に活用して追究する活動

この定義からもわかるように、課題は子どもが自らの思いや願いのもとに決める活動を目指している。実践を重ねるうちに、我々は、子どもたちが目的や課題を決める際の思いの中に美意識が存在すると考えた。

人間は、感性を豊かに働かせながら、どのような未来を創っていくのか、どのように社会や人生をよりよいものにしていくのかという目的を自ら考え出すことができる。AI がいかに進化しようとも、それが行っているのは与えられた目的の中での処理である。多様な文脈が複雑に入り交じった環境の中でも、場面や状況を理解して自ら目的や課題を設定し、その目的や課題に応じて必要な情報を見いだし、情報を基に深く理解して自分の考えをまとめたり、相手にふさわしい表現を工夫したり、答えのない課題に対して、多様な他者と協働しながら目的に応じた納得解を見いだしたりすることができるという強みをもっている。

02 【課題設定時の「美意識」】と【課題追究時の「美意識」】

課題を決める際に働く美意識を考察した結果、課題を決めた後の子どもの動きにも着目し、課題を追究する際に働く美意識も整理することができた。

【課題設定時の「美意識」】

自らの問いや思いをもとに、共に幸せに生きることを目的とした課題を設定しようとする心の働き。

【課題追究時の「美意識」】

「STEM 的見方・考え方」を働かせたり、試行錯誤や友達との協働を行ったりすることで、課題を追究しようとする心の働き。

右表は、課題設定時の「美意識」の観点表である。1の「好きなこと、自分のこだわり」は、自分の好みや思いを優先して課題を決める心の働きである。

2の「みんなでやりたいこと」は、課題の共通理解を図る点で1と異なる。100％自分の思いが反映されるわけではなくても、みんなが認め理解できる課題にしていこうとする心の働きである。

3の「自分たちにとって役立つこと」は、例えば、数か月後に全校児童の前で劇を発表する予定があったとき、そのために劇で披露するダンスや歌を追究する課題を設定したり、ある劇団の公演から学ぶといった課題を設定したりする心の働きである。合目的的であり、自分たちの活動に役立つ課題を設定しようとする心の働きである。

【課題設定時の「美意識」の観点】

	「美意識」の観点	特徴
1	・好きなこと ・自分のこだわり	個性的 嗜好的
2	みんなでやりたいこと	共通理解 協力的
3	自分たちにとって役立つこと	合目的的 個別条件的
4	・共に幸せになる ・イノベーション （身の回りの改善）	普遍的 互恵的

4の「共に幸せになる・イノベーション」は、周囲の人の役に立つことを自らの喜びに変え、自己実現を図る子どもの姿をイメージしている。

右表は、課題追究時の「美意識」の観点表である。

1の「体験・試行錯誤」については、「まずはやってみよう」という心の働きで、やってみながら調整を繰り返し、求める方向に向かっていこうとする心の働きになる。

2の「合意形成・協働」は、仲間と一緒に助け合い、高め合いながら、課題を追究しようとする心の働きである。しかしながら、集団であっても、一人一人の「やりたいこと」や「こだわり」を失わないことを大切にする。

【課題追究時の「美意識」の観点】

	「美意識」の観点
1	体験・試行錯誤
2	合意形成・協働
3	STEM 的見方・考え方
4	連続する問い・問題発見

3の「STEM 的見方・考え方」については、よりよく課題を達成しようとするときに STEM を活かそうとする心の働きのこと。子ども自ら「STEM 的見方・考え方」を働かせることができるようになることが、「STEM⁺総合活動」の目標の1つである。

4の「連続する問い・問題発見」については、課題追究の原動力となるものである。本校の総合活動が創設当時から柱にしてきた子どもの姿であり、自分たちの問いに基づいた課題の追究は、「STEM⁺総合活動」の基盤となる心の働きといえる。

「STEM⁺総合活動」において、子どもたちがより美しい課題を設定し、美しく課題の追究に取り組む姿を目指している。その「美しさ」とは、上述したような観点にある心の働きなのである。

「葉っぱーく」の実現に向けて

辻　健

01　STEM⁺の視点

（1）　各教科とのつながりについて

　2年生の学年末に子どもたちが実現しようとしていた「葉っぱーく」が、感染症の蔓延によって実現ができなかった。それを3年生で実現すべく、学校に登校できるようになった6月から少しずつ、作っては壊し、壊しては作りを繰り返して取り組んできた。ゲーム、劇場、クイズ等、それぞれのアトラクションを充実させるため、子どもたちは探究の過程をたどってきた。もちろんその過程は、グループや個人によっても違うが概ね以下のような流れをとってきた（下の表を参照）。

　①目的をもつ　②調べる　③まとめる　④表現するという過程が、短いスパンで何度も繰り返されることもあれば、長く続けられることもある。そしてその時々で、これまで子どもたちが身に付けてきた教科の学びが生きてくる。上記の①から④の流れで探究の過程が進むとき、生かされやすい教科の学びがあることもわかってきた。

表　探究の過程と表れやすい教科の学びの傾向

探究の過程	子どもの活動	表れる教科の学び
①目的をもつ	やるべきことの方向が見える	「＋プラス」の表出
②調べる	目的に向けて調べる活動を行う	S 理科　L 国語　S 社会等
③まとめる	雑多に集まった情報を整理する	M 算数　L 言語
④表現する	つくる、表現する	E 技術　A 芸術等

（※上記はあくまでも傾向として出やすいもので、それぞれのケースで変化する）

（2）　「＋」へのつながり

　右の写真は、ヤツデの葉の分かれ方の数がそれぞれの葉で違っていることを発見し、調べている様子である。②調べる活動では、理科の観察で行った経験が生かされている場面である。また、この後たくさんの葉を調べた結果が散逸する場面で表にして集計しようとしたり、並べ替えようとしたりして③まとめる場面では、算数の表とグラフの学習で行った経験が生かされていると感じた。

ヤツデの葉の分かれ方を調べる様子

さらにこれらの活動をまとめてクイズにして④表現しようとする場面では芸術にあたる、色づかいや画用紙全体をどう使うかなど、図工等で得てきたものが生かされていた。クイズを作り終えた子どもたちは、ヤツデの葉の分かれ方を数える際に観察した葉脈に興味をもち、その役割について調べようとしたり、ヤツデのように、「八つ」という言葉と植物の関係を調べようとしたり、花弁やがくの数など植物と数の関係について調べようとしたりと活動を広げていった。活動からさらなる「？」や「！」が生まれるとき、それがSTEM⁺の「＋」が生まれる瞬間であると感じる。

02 単元の展開

(1) 飽くなき探究が可能な長期にわたる単元

子どもたちが、自分たちの活動を振り返り、さらに良くしようという目的を定め探究することができるよう、試行錯誤を繰り返しながら、飽くなき探究が可能な長期間の活動を行った。単元の展開を以下に示す。

【活動のきっかけ】1年生の学年末に行った『葉っぱ博物館』が校内で大好評。2年生になったら、さらにバージョンアップしたものを作りたいという思いから。

時期および内容	活動の概要	STE（A）M
【2年生】12月 葉っぱーくをつくろう（12時間）	・1年生の『葉っぱ博物館』を振り返る。 ・学べて遊べるテーマパークに決まる。 ※感染症の拡大により中断	それぞれでグループに分かれて、アトラクションづくり
【3年生】6月 葉っぱーく実現に向けた改善計画（6時間）	・みんなで楽しむ場所にするためにはどうしたらよいかを調べて話し合う。 ・感染症対策を取らなければならない。	Zoom やまなびポケットを駆使した話し合い、協議（T）
【3年生】9月 グループでのアトラクションづくり（8時間）	・葉を集めて観察し何を伝えるかを考える。 ・試行錯誤を繰り返しよりよいものを作る。 ・アトラクションの説明の仕方を考える。	葉の観察（S） 伝え方を考える（L） おもちゃ、仕組みづくり（A）
【3年生】10月 葉っぱーくサミット（3時間）	・コロナ禍での葉っぱーく実現に向けた協議（内容は場所決め、宣伝、告知方法）。 ・各アトラクションでの対策も確認。	感染症対策を調べる（T） 人の動線や人数の想定（M）
【3年生】11月 プレ公開をもとに最終確認（4時間）	・アトラクションの最終チェックをするために5年生を呼んでみてもらおう。 ・5年生からのアドバイスをもとに改善。	対策を取りながらできる遊びづくり（E） 5年生との交流
【3年生】12月 葉っぱーく実現に向けた企画書作成（3時間）	・校長先生に葉っぱーくの内容や感染症対策を説明するために企画書を作成する。 ・校長先生に許可を頂く（Zoom 中継有）。	表紙づくり（A） 内容と言葉の吟味（L）
【3年生】1月〜2月 6年生招待（6時間）	・もうすぐ卒業の6年生を招待しよう。 ・がんばった6年生に喜んでもらいたい。	招待状の制作（A） 相手への思い（＋）

03 実際の活動　〜「美意識」の観点と成長〜

(1) STEM⁺の「＋」が生きる試行錯誤

子どもたちは1年生の頃、アサガオの栽培を契機に葉っぱの面白さを伝えようと

『葉っぱ博物館』を開催。300名を超える来場者があった。子どもたちはドキドキしながらも各クラスにポスターを配ったことで、たくさんの人が遊びに来てくれたことに喜んだ。2年生になりすぐに、今度は博物館ではなくテーマパークを模した『葉っぱーく』の構想が持ち上がる。1年生のときにたくさんの先輩たちに喜んでもらったから、もう一度やりたい。その思いがSTEM+の「＋」となり、「葉っぱーく」の計画を立てた。この間、「葉っぱ探検隊」という劇も2度披露。自分たちのトレードマークである葉っぱを使って、様々な遊びを考えた。野菜づくりで得たことを盛り込みながら、葉っぱ博物館を超える、テーマパークにしたいという願いはふくらんでいった。「葉っぱーく」の実現は3月に決まった。ところが、感染症対策による休校で、「葉っぱーく」の実現は難しくなった。休校明け、子どもたちの思いは消えていなかった。ディズニーランドなどが営業を再開するとすぐに、新聞係が特集を組んだ。何とかして実現させたい。どんな対策をすれば実現ができるのか。これまで作成していたものではうまくいかない。夏休み明け、分散登校を終え、教室に全員がそろうと「葉っぱーく」の企画を練り直すことになった。葉っぱのことをもっと学べるようにすること、密を避けること、考えることはたくさんあった。「学びのゾーン」と「遊びのゾーン」に分けて、学んだことを使いながら遊べるようにしたらどうか。「学びのゾーン」でポイントをもらえるようにして、そのポイントを使って「遊びのゾーン」で遊ぶという方法がいい。企画はどんどん変化した。トライアルアンドエラー、スクラップアンドビルドを繰り返し「葉っぱーく」は少しずつ形が整ってきた。

(2) 違う視点から自分たちを見つめ直す

いよいよ、葉っぱーくを開ける。しかし、自分たちで作ってきたものは大丈夫か、見てもらいたい。そこで3年生たちは、きょうだい学級である3部5年に声をかけて、「葉っぱーく」を見てもらうことになった。3年生は、5年生にどんなところを見てほしいのか、それぞれペアに伝えた。その思いを受け取った5年生は、3年生の作ったパークに対し真剣な表情で、良い点だけでなく問題点を指摘しようと「葉っぱーく」を見ていた。

5年生の指摘は、具体的であった。フェイスシールドをしているから声が届きにくい。アンケートを書くときに密ができる。観客席の間をあけているのは良いが、そのことを伝えることも必要。たくさんの指摘を受け3年生は、それをどのように改善すべきか考えた。

(3) STEM+で次々と生まれるイノベーション

5年生からの指摘をもとに、グループ内で協議していくと、次々と打開策が生まれ

5年生を招いてのプレ「葉っぱーく」

てきた。アンケートを書く際の密を避けるために、昇降口にアンケートボックスを作成して設置し、アンケート用紙は持ち帰ってもらうことになった。的当てゲームで使うパチンコやゴムでっぽうの貸し借りは消毒が難しいため、自作し持ち帰ってもらおうというアイデアだったが、実際には制作時の説明で密ができたり、人不足が起こったりしてしまった。そこで、パチンコやゴムでっぽうの製作手順を動画で説明することにした。遊びに来た人は、作りたいものに合わせて QR コードを選んで端末をかざし、出てきた動画をもとに製作する。

　このほかにも、うまくいかなかったという思いや、5 年生からのアドバイスがもとになり、数々の改善がなされていった。子どもたちは、試行錯誤を繰り返しながら、T や E、もちろん A や S や M 等の教科の学びを使い、それぞれがもった課題をごく自然に解決し続けていく。一人で黙々と取り組んだり、友達と相談を重ねたりしながら、よりよい「葉っぱーく」を目指して改善を繰り返す。そこで、たくさんのイノベーションが起こっていた。

（4）　美意識の観点をもとに

　表は「美意識」の観点として段階を示したものである。これに「葉っぱーく」での子どもたちの姿を照らし合わせる。子どもたちは、はじめは思い思いの葉を見つけたり、葉を使った遊びを考えたりしていた（①）。次第に作りたいアトラクションが決まり製作に取り組み始めた（②）。次第にグループ内で協力していくようになり、同グループでアトラクションの成功を目指し協力が始まる（③）。グループの仲間同士で作りたいものが違ったり、気持ちがそろわなかったりした時にも、アトラクションの成功、ひいては「葉っぱーく」全体の成功という共通の目的を達成しようと、折り合いをつける場面も見られた。自分が、または自分たちが起こしたイノベーションに気づき、それを誇りに思い、仲間を称える気持ちを感じることができれば、次の場でも、目的を達成し、共に幸せになるために「美意識」を働かせようとするのではないだろうか。

　「葉っぱーく」に 6 年生を呼ぶための感染症対策を考えているときのこと。子どもたちに「みんなははじめ、たくさんの人を呼びたいと言っていたのに、時間や人数を制限してもいいの？」という問いかけをした。すると「私たちもたくさんの人を呼んで楽しんでもらいたい。けれど、来てくれる 6 年生やその家族の健康も大事。葉っぱーくに来て不安にさせてはいけない」という言葉が子どもたちから返ってきた。その言葉通りに行動できるかは次の課題とはなるものの、自分たちだけでなく、みんなにとって良いことは何かを模索し続けた（④）子どもたちに「美意識」の成長を感じた。

	「美意識」の観点	特徴	
①	好き嫌い、好み	直感的 嗜好的	自己 了解
②	自分のこだわり	感性的 個性的	
③	役に立つこと	合目的的 個別条件的	共通 了解
④	共に幸せになること	普遍的 互恵的	

「かざり」を作ろう！

森本隆史

01 STEM⁺の視点

(1) 「＋」について

「どうすれば、自分の作りたいかざりを作ることができるのか」という子どもの問いをもとに、かざりの作り方を調べて作っていく。作ったかざりを実際に飾ることによって、「自分の好きなかざり」という視点だけではなく、かざりを見ている人のことも考えるようになる。「かざりを作る」「かざりを飾る」という活動により、一緒に作った友達、かざりを見る人のことも考えていくという、視点の広がりも「＋」の部分にあたると考えている。

(2) STE（A）Mついて

この単元は、子どもたちが自分の作りたい「かざり」を作っていくものである。かざりを作る時点で、E（ものづくり）の視点がある。単元の導入では、右のようなかざりを見せた。このかざりを見せたのには意図がある。このかざりはひし形が 3 枚重なってできている。世の中にあるいろいろなかざりを見てみると、多くの場合、図形の組み合わせから成り立っている。はじめに扱うかざりをこのかざりにしたのは、子どもたちとひし形という図形を結びつけることによって、これからの活動には、M（算数・数学）が大きく関わっていることに、気づかせるためである。

はじめに見せたかざり

さらに、このかざりをよく見ると、色の組み合わせ方にいくつかのパターンがある。色の組み合わせや形という視点で捉えると、A（芸術）が関わってくることがわかる。

02 単元の構想（全 14 時間）

この単元は、4 年生のときから始まっている。コロナ禍のため、4 年生での授業時間がかなり少なくなってしまったが、子どもたちは少ない時間の中、たくさんのかざりを作った。本校では 4 年生から 3 年間クラス替えがないので、4 年生のときにでき

なかったかざりを、「5年生で作りたい」と子どもたちが言い、5年生になってから、当時は作ることが難しかったかざりも作ることができた。

　この単元は、今のところ、2学年にわたり取り組んでいるものである。子どもたちの「作りたい」という思いを尊重して、子どもたちが作りたいと思えば、6年生までの3学年にわたって活動することも視野に入れている。

【4年】18時間

単　元	活動の概要	STE（A）M
(1) このかざりを作ってみよう （3時間）	・教師が示したかざりを作ってみる。 ・自分の好きな色を選んだり、色の組み合わせを楽しんだりする。	・自分で好きな折り紙を選ぶ（A）。 ・折り紙からひし形を作る（M）。
(2) 図書室のためにかざりを作ろう （2時間）	・図書の先生から「図書室にも作ってほしい」と言われたので、かざりを作った。	・自分で好きな折り紙を選ぶ（A）。 ・折り紙からひし形を作る（M）。
(3) 6年生を送る子ども会のかざりを作ろう （13時間）	・どんなかざりを作りたいか話し合う。 ・4つのグループに分かれてかざりを作る。 ・6年生を送る子ども会の振り返りをする。	・動画を見て、かざりの作り方を知る（T）。

【5年】14時間

単　元	活動の概要	STE（A）M
(1) ジオデシックドームを作ろう （9時間）	・4年のときに作ることができなかったかざり（ジオデシックドーム）について調べる。 ・ジオデシックドームの作り方を調べて、作る。	・正三角形、二等辺三角形をたくさん描き、ジオデシックドームを作る(M)。 ・ジオデシックドームの色を考える（A）。
(2) 朝会の劇を作ろう （5時間）	・ジオデシックドームを全校に見せるため、劇の内容を考えて練習する。 ・振り返りをする。	

03　実際の活動　〜「美意識」の観点と成長〜

(1) 「好き嫌い、好み」

　先に示したひし形のかざりが、子どもたちが最初に作ったかざりである。何種類もの色紙を準備して、子どもたちに色を選ばせた。グラデーションになるような色（青、紺、水色）や、あえて全く違う色（赤、緑、黄）を選ぶ子どもがいた。この時点では、「自分の好み」という「美意識」が働いているといえる。

(2) 「自分たちのこだわり」

　作ったかざりをどうしたいか子どもた
ちに尋ねると、「教室や廊下に飾りたい」
という子どもの思いが表出された。正方
形（折り紙）からひし形を切り取ると、
あまりが出てしまう。子どもたちはこの
あまりの部分を組み合わせることによっ
て、新たなかざりも作り始めた。

　あまりの部分からできるかざりを見る
と、鳥を作る子ども、どんどん重ねて太

廊下に飾ったかざり

陽のような形を作る子どもなど、子どもたちのこだわりが見えてきた。「自分たちの
こだわり」という「美意識」が働いているといえる。

(3) 「役に立つこと」

　右上の写真のように、廊下を飾りつけていたある日のこ
と、「先生、K先生が図書室にもこのかざりを作ってほし
いって！」と、子どもが言ってきた。かざりを見かけたK
先生が言ってくれたのである。子どもたちは休み時間を
使って、かざりを作り始めた。「自分たちが作ったものを
人に役立てる」という「美意識」が働いている。「＋」の
部分を初めて経験したのである。

(4) 「共に幸せになること」

　全校児童が卒業生のために、廊下を飾りつけるというこ

図書室に飾ったかざり

とになった。自分たちのこだわりをもちつつ、以下の4つのグループが編成された。
・モビール　・くす玉　・プレゼント　・看板

　プレゼントグループは、多面体ユニットからできるかざりを作り始めた。ある子ど
もが冬休みに作った多面体ユニットを紹介したことがきっかけとなっている。

　子どもたちが6年生にあげたいと思ったプレゼントを作るためには、1人あたり多
面体ユニットが12個いるということだった。本校では、部ごとのつながりが強いの
で、3部6年の子ども32人分（12 × 32 = 384
個）を作るものだと思っていた。休み時間の度
に多面体ユニットを作っている姿があったが、
いつまでたっても「まだできない」と言ってい
た。いくつ作るのか尋ねてみると、「1536個作
らないといけない」という答えが返ってきた。
その数を聞いたときにわかった。プレゼントグ
ループの子どもたちは、3部6年の子どもたち

だけではなく、４学級全ての卒業生へのプレゼントを作成していたのだった。どうしてそうしようと思ったのか尋ねてみると、「はじめは３部の６年生の分だけ作っていたけど、それだと他の部の６年生が悲しむかもしれないし、もらったら喜んでくれると思った」と

卒業生を送る子ども会で６年生をお祝いする子どもたち

言った。この心の働きは「共に幸せになる」という「美意識」である。自分の休み時間を削ってでも、卒業生を喜ばせたいという「＋」の部分が大きく働いている。

　子ども会までの時間や労力を考えて、「誰かに手伝ってほしいな」と、ぼそっと担任である私に言ってきた。そこで、「みんなに今の気持ちを伝えてみたら」と言ってみた。係の子は「６年生に喜んでほしい。でも、自分たちだけでは実現できない」という素直な思いを、クラスの友達に打ち明けたのだった。この言葉を聞き、多くの子どもたちが動き始めた。友達と協働する姿が見られ始めたのである。

　子ども会当日は、写真のように、くす玉やモビールをはじめ、多くのかざりとプレゼントが６年生を喜ばせていた。その姿を見て、子どもたちの顔がほころんでいた。

　後日、２部６年の担任が「部が違うのに、私たちのプレゼントまで作ってくれるなんてうれしかった。大変だったと思う」という６年生の言葉を教えてくれた。その言葉をそのままクラスの子どもたちに伝えると、子どもたちの表情は、にっこりとなり、「よかったね」と、顔を見合わせる姿があった。

　図書室の先生からの依頼で、自分たちが作ったかざりが人のためになることを感じた子どもたち。子どもたちはこのことで、大きな達成感を感じることができた。この達成感が次のやる気へとつながっていく。自分たちがんばってかざりを作ることで、「人のためになっている」「喜んでくれる人がいる」ということを肌で感じているのである。

　はじめは自分のこだわりや自分の作ってみたいもののことがメインの動機になっていたが、単元として、このようなつながりが出てくるうちに、自分のためだけではなく、人のためにもかざりを作りたいと思うようになってきた。このようにして子どもたちの「美意識」は成長していることがわかった。

　このような子どもたちの「美意識」の成長には、「共感（empathy）」という観点も大きく関係していると思うので、今後はそのことについても整理していきたい。

第5章

STEM⁺総合活動を
支えたテクノロジー

STEM$^+$を支える校内配信

平野次郎

01 概要

with コロナでの教育活動を進めるにあたって、第3章などで示されている様々な学校行事や学習発表などは、これまでのように対面で行うことが難しい状況になることもあった。そこで、オンライン授業に向けた環境整備やプラットフォームづくり（まなびポケット）と並行して校内配信の整備を行った。with コロナ以前の校内配信は校内放送が主であったが、1人1台端末の整備や校内 LAN の環境が改善されたことも相まって、Zoom を活用した配信環境を構築するに至った。現在（2021年12月）では、対面とオンラインを併用しながらハイブリッド方式で配信することが多い。

ここでは、様々な学校行事や子どもたちの学習発表を支える校内配信の環境について、紹介していく。

02 本校の校内配信環境

主に活用したソフトや機材は、PC、オンラインビデオ会議システム（Zoom）、ビデオカメラ（Web カメラ、iPad など）、スイッチャーである。本校では、2020年の「全国一斉休校」以降、Zoom を活用することが多く、職員も子どもたちも使い慣れていることが背景にある。しかし、Zoom はビデオ会議を行うことを目的として使用することが多いことから、リアルタイムでの映像配信や音声の環境に適しているわけではない。したがって、様々な行事や学習発表などを支えるためには、Zoom を中心に置きながら、映像と音声環境を整えることが一つの課題となった。

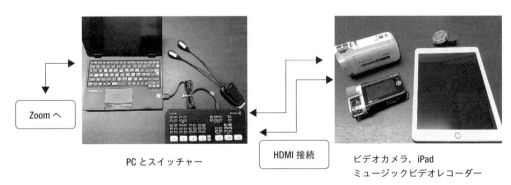

PC とスイッチャー HDMI 接続 ビデオカメラ、iPad
ミュージックビデオレコーダー

活用した主な機材

03 スムーズな配信を行うためのヒント

(1) 「オリジナルサウンド　オン」(Zoom 設定)

　Zoom は、背景の雑音を抑制することが基本設定になっている。このままの設定であれば、拍手、歌、楽器の音、複数人で話すセリフなどが雑音として認識されてしまい、クリアに聞こえないこともある。そこで、各行事や学習発表などの場では「オリジナル サウンド」を有効にして配信を行うようにしている。

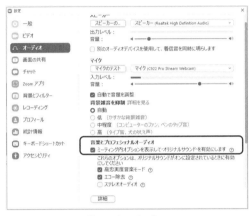
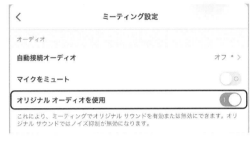

PC 使用時の設定画面　　　　　　　　　　**iPad 使用時の設定画面**

(2) スイッチャーの活用

　校内配信を行う際は、スイッチャーを活用することが多い。現在は、「カメラ3台とPC1台」をスイッチャーに接続している。カメラを3台（うち1台は音声用）使用することで、対面にはかなわないが臨場感を出すことができる。また、「Power-Point」を使用する際は、「画面共有」の機能を使用せず、配信用 PC とは別にもう1台 PC を用意して、HDMI 経由でスイッチャーに接続している。こうすることで時間のロスもなく、動画や音声なども比較的スムーズに配信することができている。

　様々な行事や学習発表は、講堂に「配信ブース」を設けて、そこから配信することが多い。この方法は、オンラインのみの配信、そしてハイブリッド方式での配信のどちらにも適している。また、放送室では、会場の様子を把握するのが難しいが、配信する担当者がその会場にいることで、カメラの切り替えや音声の調節なども適宜行うことができるというメリットもある。

Zoom を使ってできるかな？

辻　健

01　Web 会議サービス「Zoom」をまずは使ってみよう

（1）　お互いの表情を見ながら会話できるよさを感じる

　Zoom は、インターネットを介して離れた場所にいる人同士をつないで会議を可能にするシステム。このようなものは前からあったが、コロナ禍で人と人とが会って話し合いをしたり会議をしたりすることが難しくなった 2020 年から急速に普及した。本校でも 2020 年 2 月に行われた全国一斉休校で、子どもたち同士が会えなくなり、学級での活動や授業が難しくなった頃より導入を検討し始めた。

　2020 年 3 月に試験的に行った Zoom による「クラスかいぎ」では、2 年生の子どもたちの表情がパッと明るくなり、3 週間ぶりに顔を合わせることができた安堵感を画面越しに感じることができた。「クラスかいぎ」最初の話題は「キャベツをどう育てるか」であった。みんながまいた種から出てきた芽は大きくなっており、予定していた畑へ植え替えることとなった。担任が植え替えてもよいか、植え替えるとするとどんなことを大切にしたらよいかなどを子どもたちは、考えたり、調べたりした。

キャベツは今・・・

3月8日　　　　　3月19日

　1 度行ってからは、すぐに開催のリクエストの声が次々と寄せられるほどであった。やはり、メールなどによる一方向の文字による伝達では得られないものがあるように感じた。学級で行ってきた対面での活動には到底かなわないものの、子どもたちもお互いの表情を見ながらやりとりできるよさを感じたようであった。もちろん、顔を写すのが苦手な子どもや、急に発言を求められると緊張をしてしまう子どももいるため、最初は「みんな元気にしてた？」といった会話からスタートし、最近取り組んだこと、困っていることなど、何でも言える雰囲気を大事にした。新しいものに興味を示す子どももいれば、慣れるまでは用心深くなる子どももいる。それは Zoom に限らず、様々な活動と同じであろう。

(2)　教師自らがいろいろなことを子どもたちと試す

　何度か「クラスかいぎ」を行う中で、グループごとに話す時間をブレイクアウトルームの機能を使って行ったり、チャット機能を使ってレクリエーションを行ったりと、様々なアイデアを出しながら、子どもたちと「クラスかいぎ」を楽しんだ。

　なかでも好評だったのは、ジェスチャーゲーム。プライベートチャットを利用して、一人の子どもにだけお題を伝え、その子にジェスチャーをしてもらう。その様子をスポットライト機能でみんなに見せながら、答える。もちろん答える側は、チャットに書き込むようにして声は出さない。この方法で行えば、ジェスチャーゲームだけでなく、クイズなどの活動もできる。はじめは、横で保護者にサポートしてもらいながら行っていた「クラスかいぎ」も、次第に楽しみながら自分たちでできるようになってきた。「クラスかいぎ」以外にも、インターネット上にある時間帯だけ会議室を準備し、みんなでつながりながら学習する自習室のような場を設けることも行った。困ったときにすぐに担任に質問することができる自習室も休校期間中にはかなり活躍した。

02　「Zoom」を使ったらできるかな

(1)　休校期間が明けても Zoom による「クラスかいぎ」は続く

　休校期間が明けて、分散登校になってからも A グループと B グループが連絡を取り合うために、半数は家から、半数は教室で引き続き朝の会等の時間を利用した「クラスかいぎ」は継続。全員が登校するようになってからも、休日などに少人数でZoom を使うこともあった。Zoom は次第に子どもたち自身のツールとなっていった。

(2)　校長室と教室をつないで Zoom で二元中継

　3 年生になり、「葉っぱーく」の開催許可をもらうため、子どもたちは活動内容だけでなく、感染対策も掲載した企画書を作成。その企画書を持って校長室へ向かった。校長室での密を避けるために、これまで企画をリードした 6 人が代表して向かう。その様子をみんなで見たい。その時、子どもたちから「Zoom を使ったら校長室と教室

校長室で企画書提出

をつなぐことができるかな」という声。校長室に一緒に行きたかった子どもたちは、「見たい！見たい！」と興奮ぎみであった。校長室で、校長先生に対し、子どもたちからの説明が始まった。子どもたちは緊張している。画面越しではあるが教室の子どもたちも緊張しているのがわかる。なかには祈るような仕草の子どももいる。10 分ほどの交渉のあと、校長先生からの「葉っぱーく、お願いします」という声に子どもたちは大喜び。教室では代表の子どもたちを出迎える温かい拍手もあった。「離れた仲間とも連絡したい」「遠くの人に話を聞きたい」等々、願いを実現するツールとして Zoom という選択肢があることは、STEM[+]の「T」だけでなく、子どもの思い「＋」を実現することにつながるだろう。

パワーポイントの活用

志田正訓

01 パワーポイントなどのプレゼンテーションソフトについて

　パワーポイントをはじめとしたプレゼンテーションソフトは、子どもたちが総合活動に限らず、多くの学習の場面において、様々な活動の結果を発表していく際に使用する、非常に有効なアプリケーションである。しかし、プレゼンテーションソフトの用途はこれだけにとどまらない。基本的な考え方さえ理解すれば、発表のためのスライド作成という用途以外にも、様々な使い方が見えてくる。ここでは、その基本的な考え方を踏まえた上で、その用途について例を示していこう。

02 基本的な考え方

　プレゼンテーションソフトはすでに述べたように、発表の際の資料を提示していくためのものとして使用することが多いが、それができるのは、そもそもプレゼンテーションソフトは、「様々なサイズの白紙を提供するアプリケーション」であるためである。すなわち、プレゼンテーションソフトを発表の際の資料作成に用いるということは、アプリケーションにより提供された白紙に、自分の発表内容を記述していくということに他ならない。また、実際の白紙と比較してみると、次のような特徴が見えてくることも、プレゼンテーションソフトの特徴といえるだろう。

特徴①　実際の白紙と比べて、図形や絵や写真などを提示しやすい

　三角形や四角形などの図形または絵や写真といったものを挿入する機能は多くのプレゼンテーションソフトに見られる。そして、プレゼンテーションソフトを使って、それらを挿入するのと、実際の白紙に描いたり貼ったりするのとでは、多くの場合、前者の方が時間的に早くできることは想像に難くない。さらに、実際の白紙では、自分が書いた図形などのサイズや位置を変更することは難しいが、プレゼンテーションソフトであれば、容易にできる。

特徴②　実際の白紙と比べて、コピーが容易である

　特徴①で述べたように、図形などを挿入したり、編集したりすることが実際の白紙と比べて容易であるだけでなく、そのコピーをとっていくことも容易であることも、実際の白紙と比べて見えてくる特徴である。自分が作成したものを他の人に見てもらうためにたくさん準備していくことはもちろんのこと、発表資料を複数パターン作成

する際に、作成途中のものをコピーして、複数パターンを作成することもまた、プレゼンテーションソフトだからこそできることである。

　プレゼンテーションソフトには、実際の白紙と比較して、以上のような特徴があるといえる。では、プレゼンテーションソフトを、「様々なサイズの白紙を提供するアプリケーション」として捉え、実際の白紙との違いを明確にしておくことを、基本的な考え方とすると、どのような表現活動が子どもたちに可能となるのか。この点について、次に述べていこう。

03　プレゼンテーションソフトを用いた様々な表現

　では、最後に、プレゼンテーションソフトを用いた発表資料の作成以外の表現活動の具体について示していこう。

表現活動①　紙芝居

　これは、絵や写真を効果的に配置していくことで可能となる。また、紙の大きさも、多くのプレゼンテーションソフトで A3 ぐらいまでは対応していることから、大きなサイズも作成が容易である。

表現活動②　新聞

　新聞のフォーマットを紙で配付して子どもたちが新聞を作成することはよく見られるが、フォーマットをプレゼンテーションソフトで作成して、配付することにより、新聞作りが可能となる。字の大きさを途中で調節したり、絵や図などのレイアウトを変更したりすることが容易なため、実際の紙で作成するよりも、変更がしやすくなる。

表現活動③　簡単なアニメーション

　プレゼンテーションソフトの図形をアニメーションをつけて表示させたり、スライドの入れ替わりにアニメーションをつけたりすることができるのはもちろんであるが、それらのスライドショーを動画で保存しておく機能があるプレゼンテーションソフトもある。自分の声も入れることができることから、簡単なアニメーションをつけた動画を作成することも可能である。

表現活動④　考えを整理するメモ

　これは、各種の発表をはじめとした、自分の考えたことのまとめとして発表することではなく、その途中の自分の思考を可視化するためのメモとして活用することも可能である。フローチャートやベン図などを作成して、自分の考えを整理しておくことも、プレゼンテーションソフトを用いれば可能である。

大切なのはチャレンジと信頼

青山尚司

01 タブレット端末がやってきた

　ギガスクール構想の一環として、本校にも1人1台のタブレット端末が教室に配備された。担任をしている4年生の子どもたちは、「いつやるの?」「早く使いたい!」とワクワクしている。積極的に研修に参加し、子どもの気持ちになって触るように日々心がけてきたのだが、授業で使用したときのトラブルに適切な対応ができるのかは正直なところ不安であった。しかし、うまくできなくても一緒にトラブルを乗り越えていくことが大切だと心を決め、授業で扱ってみることにした。

02 「せんせーい!」

　電源を入れて立ち上げてみると、普段から慣れていて、スイスイとインターネット接続までできる子もいれば、仮のパスワードを入力するだけで四苦八苦している子もいる。また、端末自体の調子が悪い子もいれば、Wi-Fiの接続がうまくいかない子もいる。なぞのメッセージが出てしまう子や、画面が真っ黒に固まってしまった子もいる。あちこちから、「せんせーい!」という悲痛な叫び声が聞こえてくるのであるが、その声があまりにも多いため対応が追い付かず、「ちょっと待ってね」を繰り返しながらあっという間に授業時間が終わってしまった。

　その日の放課後、調子が悪い端末を何度か再起動しているうちに、うまく起動しない場合の多くは更新プログラムが動いているためであることがわかってきた。また、きちんと充電されていないことが原因のものもあった。だいたいのことは解決できそうなのだが、一度に全ての子の端末に対応するのは物理的に無理がある。コンピューターに詳しい先生や支援員の方に手伝っていただくと安心なのであるが、いつでもうちのクラスに来てもらえるわけではない。となると優先すべきは、子どもたち自身が自立してトラブルに対処する最低限の技能を身に付けることである。自分でもできる程度のことであれば、きっと子どもたちもできるからである。

03 自立への第一歩

　翌日、片付ける際には充電プラグを確実に差し込むことを伝え、簡単な再起動の仕方を教えた。またその次の日から登校して着替えを済ませたら必ず端末を立ち上げて動作確認することを日課とした。そして朝の活動までの間はルールの範囲内で好きなことをしてよいこととした。もちろん、外で遊びたい子たちは動作確認をしたら端末

を棚にしまって遊びに行ってよいことと
した。

　すると子どもたちは、毎朝素早く身支
度をし、嬉々としてインターネットで好
きなことを調べ始めた。中にはホーム画
面の背景を好きな写真に変えたり、タイ
ピング練習をしたりする子もいる。明確

な共通課題を与えるのではなく、とにかく端末と親しむことを重視した結果、全員が
自分でパスワード入力ができるようになり、ちょっとした不具合は自分で対処できる
ようになった。また、操作の仕方や楽しい使い方を教え合う姿もたくさん見られるよ
うになり、「せんせーい！」という声はほとんどなくなった。端末側も毎日触ること
で滞りなく更新がなされるようになり、フリーズすることが少なくなっていった。

04　約束

　これらの活動と並行して大切なことを子どもたちと約束した。それは、「自分やク
ラスにとって良いことをして、その逆はしないこと」である。多くの子は、「なんだ
そんなことか」「いつもと同じじゃん」といった様子だったが、「良いことって何？」
という反応もあった。「何だと思う？」と問い返すと、「わからない子に教えてあげ
る」という反応があった。そして、「逆がわかった」という子が、「学校の勉強と関係
ないことはしない」と発言すると、「人が嫌がることをしない」「時間を守る」などが
次々と出された。子どもたちはみんなちゃんとわかっているのである。「あなたたちは
そういう子たちだから、任せることができるのですよ」と今も繰り返し伝え続けている。

05　あれから数か月

　「せんせーい！」という叫びが懐かしく感じるほど児童はすっかり端末と仲良く
なった。2年生の子たちと出かける「きょうだい遠足」に向けた活動では、Power-
Point を使ってしおりを作成した。最初はテキストボックスに日時や持ち物を入力し
たページを作ることで精一杯であった。しかし徐々に、グループメンバーの写真を撮
影して紹介のページを作ったり、現地の地図を貼り付けたり、アニメーションを加え
たりと、2年生に楽しんでもらうために様々な工夫を加えながらしおりを完成させて
いった。そして、Teams でファイルを共有し、共同編集をする方法もわかってきた。

　助け合いながら技能を身に付け、使い方をどんど
んアレンジしていく子どもたちには日々驚かされ
る。何事も新しいことに挑戦するのは大変である。
でも、「できないからやらない」ではなく、子ども
たちを信頼し、「うまくいかないかもしれないけれ
ど、みんなで一緒にチャレンジしていこう！」とい
う姿勢をこれからも示していきたい。

おわりに

　1年生、『学校だいすき』のある一場面です。「用務員さんのとんがった親指のつめ」の写真をきっかけに「用務員さんのつめがとんがっているのはなぜ？」という課題が成立しました。この課題を追究していく中で、子どもたちは、用務員さんの「つめをとんがらせていると、段ボールに付いているガムテープをはがしやすい。ガムテープが付いている段ボールは、リサイクルできない。本当はつめをこんなふうにしたくないけど、しょうがないからな…」という言葉に出会います。そこから「段ボールにガムテープが付いていたら用務員さんが大変だから、これからはちゃんとはがしてゴミステーションに持って行った方がいい」という用務員さんの思いに寄り添った「どうやったらみんなちゃんと段ボールを出してくれるんだろう？」という「共に幸せになる」ことをめざす課題が子どもたちから提示されたのです。

　この課題を解決するために、子どもたちは、ガムテープの付いた段ボールゴミをチェックし、ガムテープをはがす活動を始めました。また、「はがしポイントカード」をつくり、楽しみながら活動が継続できるようにしました。そして、これらの活動は、日直のスピーチで活用し始めた「PowerPoint」を用いて「ガムテープのついた段ボール問題」の深刻さを全校に呼びかける活動へと発展していったのです。このような自分たちの身のまわりの問題を、1年生がSTEMを活用して解決しようとする姿勢は、本校の高学年の姿を日常的に見ていたからこそだと思われます。

　2018年より「STEM⁺総合活動」を立ち上げてから、子どもたちの学びの姿が変わりました。子どもたち一人ひとりが「自分のこだわり」を大切にしながら、「共に幸せになる」課題を設定していく姿に、「社会的な課題をアイデアや先端の技術を使って解決していく」というSTEAM教育の素地が育まれているという手応えを、私たちは感じています。

　同時に、STEMを活用し、仲間と協働して課題を解決していくような「STEM⁺総合活動」の学びを通して、コミュニケーション豊かなあたたかな学級がつくられていく手応えも実感することができました。

　今後は、1人1台端末が具現化された現在、それをどのように有効に活用し、「STEM⁺総合活動」をつくっていくのか、また、活動の原動力となる子どもたち一人ひとりの「こだわり」を失うことなく、どのように集団での合意形成を図り、共通理解ができた課題をつくっていくのかについて明らかにしていきたいと思います。また、今、話題の「生成AI」を活用する授業にも、ぜひ挑戦していきたいと考えています。「STEM⁺総合活動」の研究は、まだ始まったばかりです。さらなる広がりや深まりを求めて、日々、努力を続けておりますが、多くの皆様に本書を読んでいただき、それぞれの立場でご指導くださることをお願いいたします。

　最後に、改めまして本書発刊にあたり、お世話いただきました東洋館出版社の畑中潤氏はじめ関係の方々に感謝申し上げます。

由井薗健

【執筆者一覧】

筑波大学附属小学校
校長
佐々木昭弘

堀田 龍也（東北大学大学院教授）

副校長
夏坂 哲志

中川 一史（放送大学教授）

国語科教育研究部
青木 伸生＊　　青山 由紀＊
桂　　聖＊　　白坂 洋一＊
弥延 浩史＊

社会科教育研究部
梅澤 真一　　粕谷 昌良＊
山下 真一　　由井薗 健＊

算数科教育研究部
青山 尚司＊　　大野　桂＊
盛山 隆雄＊　　田中 英海＊
中田 寿幸＊　　森本 隆史＊

理科教育研究部
志田 正則＊　　鷲見 辰美＊
富田 瑞枝＊　　辻　　健＊

音楽科教育研究部
笠原 壮史＊　　髙倉 弘光＊
平野 次郎＊

図画工作科教育研究部
北川 智久＊　　仲嶺 盛之＊
笠　雷太＊

家庭科教育研究部
横山みどり＊

体育科教育研究部
齋藤 直人＊　　平川　譲＊
眞榮里耕太＊　　山崎和人＊

道徳科教育研究部
加藤 宣行　　山田　誠

外国語科・外国語活動教育研究部
荒井 和枝＊

＊は総合活動部になります。

筑波発の総合活動
STEM⁺授業のすべて

2023（令和5）年6月10日　初版第1刷発行

編　　著：筑波大学附属小学校
発 行 者：錦織圭之介
発 行 所：株式会社東洋館出版社
　　　　　〒101-0054　東京都千代田区神田錦町2丁目9番1号
　　　　　　　　　　　　　　　　コンフォール安田ビル2階
　　　　代　　表　電話 03-6778-4343　FAX 03-5281-8091
　　　　営 業 部　電話 03-6778-7278　FAX 03-5281-8092
　　　　振　　替　00180-7-96823
　　　　U　R　L　https://www.toyokan.co.jp

印刷・製本：藤原印刷株式会社
装　　丁：小口翔平＋後藤司（tobufune）

ISBN978-4-491-04824-6　　　　　　　　　Printed in Japan